看了就能懂的法律常识

婚姻家庭

方也媛◎主编

崔宁宁　李家琛◎副主编

吉林出版集团股份有限公司

全国百佳图书出版单位

图书在版编目（CIP）数据

看了就能懂的法律常识. 婚姻家庭 / 方也媛主编
.-- 长春：吉林出版集团股份有限公司，2023.4
（2025.1重印）
ISBN 978-7-5731-1434-1

Ⅰ.①看… Ⅱ.①方… Ⅲ.①婚姻法－基本知识－中
国 Ⅳ.①D920.4

中国版本图书馆CIP数据核字（2022）第060207号

KANLE JIU NENG DONG DE FALU CHANGSHI HUNYIN JIATING

看了就能懂的法律常识·婚姻家庭

主　　编　方也媛
副主编　崔宁宁　李家琛
责任编辑　于　欢
装帧设计　刘美丽

出　　版　吉林出版集团股份有限公司
发　　行　吉林出版集团社科图书有限公司
地　　址　吉林省长春市南关区福祉大路5788号　邮编：130118
印　　刷　唐山楠萍印务有限公司
电　　话　0431-81629711（总编办）
抖音号　吉林出版集团社科图书有限公司　37009026326

开　　本　720 mm×1000 mm　1 / 16
印　　张　13
字　　数　110 千
版　　次　2023 年 4 月第 1 版
印　　次　2025 年 1 月第 3 次印刷

书　　号　ISBN 978-7-5731-1434-1
定　　价　55.00 元

如有印装质量问题，请与市场营销中心联系调换。0431-81629729

编 委 会

序　言

党的十八大以来，以习近平同志为核心的党中央高度重视法治在推进国家治理体系和治理能力现代化中的重要作用，中央全面依法治国工作会议更是明确了习近平法治思想在全面依法治国中的指导地位，为全面依法治国提供了根本遵循和行动指南。

依法治国、普法先行。法治宣传教育是一项具有基础性、先导性、长期性的工作，推进全面依法治国，归根结底要靠全民法治素质的提高，靠依法办事习惯的养成。可以说，全民普法是全面依法治国的重要内容之一，对法治中国建设起着基础性的关键作用。近年来，随着普法教育的深入，公民的法律意识不断增强，自觉维护法律和自身权益已成为许多公民的自觉行为。但是在分工不断发展、生活节奏逐渐加快的现代社会中，普通民众忙于生计，无暇深入研究法规法条，而且，庞杂的现代法律也使得普通民众难以深层次地了解法律知识。

如何能够使这个庞大的群体在忙碌之余接受法律的教育，如何让他们对法律产生兴趣并且在遇到法律问题时可以快捷地找到答案？方也媛老师带队编写的这套图书就为大家提供了这样的一种途径。

这套书一共六本，分别是《看了就能懂的法律常识 合同纠纷》《看了就能懂的法律常识 婚姻家庭》《看了就能懂的法律常识 道路交通》《看了就能懂的法律常识 劳动纠纷》《看了就能懂的法律常识 未成年人保护》《看了就能懂的法律常识 中小企业法律风险防控》。结构上分为案例、法律问题、法律分析、案例拓展四个部分。先通过案例引出问题，让读者可以清晰地知道在什么情况下可能存在什么法律问题。之后在法律分析中对引出的问题进行解释，最后通过案例拓展对该法律问题的相关法律知识进行普及，提出合理规避风险的方法。这种编排方式不仅可以针对已产生的问题给出解决办法，也能让当事人对潜在的风险充分防范。

书中案例全部来自裁判文书网上发布的真实案例，更贴近生活实际。法律分析版块在引用现行相关法律条文对案例进行解析的同时，又对法律的适用环境进行解读，以便于读者在现实中遇到类似情况时进行应用。案例拓展版块充分展示了法律在实践应用中可能遇到的情况，既起到拓展思路的作用，也可以使读者不局限于本书的内容，进行更深入的思考。

本书主编方也媛，在从事教学工作的同时担任律师多年，理论知识和实践经验均比较丰富。其他作者全部通过了国家统一法律职业资格考试。这些作者均具有研究生学历，在校期间成绩优异，在学术上取得了一定的成果：多人曾在省级期刊发表论文，一人曾获副省级法治论坛优秀论文奖，多人参与吉林省法学会项目等课题研究。

人们在生活中都会碰到各种问题和麻烦，很多时候都需要使用法律来解决。所以，法律离我们每个人并不远，它与生活息息相关。很多人可能感觉法律是一道难以逾越的高墙，遇到了法律问题大部分人不知道怎么解决，甚至干脆就能忍则忍，放弃主动用法律武器保护自己的权利。希望本书能够为读者们提供一个解决问题的思路，让读者们在生活中遇到问题时能够通过本套书的案例和分析得到一个解决办法，为生活增添一些便捷。

是为序。

李韧夫

2022年12月

目录
CONTENTS

第二章　夫妻间的权利和义务

第三章　与夫妻间财产有关的法律知识

第四章　与抚养、收养和赡养有关的法律知识

第五章 与继承有关的法律知识

第一章
结婚与离婚

问题1：
与外国人结婚应当去哪里办理结婚登记?

[案例]

上海人美美是一家外贸公司的职员,在一次去国外出差时,认识了美国人帅帅。美美回国后,两人经常保持联系。后来帅帅由于工作原因来到了中国,美美和帅帅也有了见面的机会。两人心生好感,日久生情,经过长时间的相处之后,感情也基本稳定了下来。双方的父母对这门婚事也比较满意,共同确定了一个结婚的好日子。那么,美美和帅帅应该去哪里办理结婚登记呢?

[法律问题]

美美和帅帅应该去何处办理结婚登记？

[法律分析]

美美是中国公民，而帅帅是美国公民，他们应该去哪里办理结婚登记呢？我国《婚姻登记条例》第二条第二款规定："中国公民同外国人，内地居民同香港特别行政区居民（以下简称香港居民）、澳门特别行政区居民（以下简称澳门居民）、台湾地区居民（以下简称台湾居民）、华侨办理婚姻登记的机关是省、自治区、直辖市人民政府民政部门或者省、自治区、直辖市人民政府民政部门确定的机关。"由此可见，中国公民同外国人办理婚姻登记的机关是省、自治区、直辖市人民政府民政部门或者省、自治区、直辖市人民政府民政部门确定的机关。美美和帅帅应该去美美户籍所在地上海市的民政局办理结婚登记。

看了就能懂的
法律常识
婚姻家庭
KANLE JIU NENG DONG DE
FALU CHANGSHI
HUNYIN JIATING

[案例拓展]

在我国，经过结婚登记的夫妻关系会被法律所认可和保护。当婚姻关系中的当事人都是中国人时，双方到任何一方常住户口所在地的婚姻登记机关办理结婚登记。中国公民同外国人在中国结婚，双方之间的婚姻关系想要受到中国法律的保护，他们也应当按照中国法律的规定办理结婚登记。

问题2：
结婚证、离婚证丢失或者损毁应当
如何补办？

[案例]

美美和帅帅青梅竹马，大学毕业后不久就结婚了，过着幸福美满的生活。在日常生活中，他们难免会因为琐事磕磕绊绊、小吵小闹，但没有闹过大矛盾。近日，美美发现帅帅经常早出晚归，有时甚至夜不归宿，回到家也是拿着手机在和别人聊天。美美怀疑帅帅做了对不起她的事情，就与其争吵起来，一气之下拿出两人的结婚证说要离婚，并将它们撕毁了。等到两人心情平静下来，经过沟通后，美美才发现是自己误会了帅帅，遂与帅帅重归于好。美美特别后悔自己把结婚证撕毁了，帅帅安慰她，结婚证是可以补办的。于是，两人商量着去补办结婚证。

[法律问题]

美美和帅帅去补办结婚证应该经过什么流程呢？

[法律分析]

我国《婚姻登记条例》第十七条规定："结婚证、离婚证遗失或者损毁的，当事人可以持户口簿、身份证向原办理婚姻登记的机关或者一方当事人常住户口所在地的婚姻登记机关申请补领。婚姻登记机关对当事人的婚姻登记档案进行查证，确认属实的，应当为当事人补发结婚证、离婚证。"所以，美美和帅帅应当带着户口簿、身份证向他们当初登记的婚姻登记机关或者一方常住户口所在地的婚姻登记机关补办结婚证。

[案例拓展]

　　结婚证、离婚证是国家机关颁发的，证明一个人存在婚姻关系或者不存在婚姻关系的最重要的证明。对于结婚证、离婚证，当事人应当妥善保管，但也会发生当事人不慎将结婚证、离婚证遗失、损毁的情形。结婚证、离婚证遗失或者损毁的，当事人可以持户口簿、身份证向原办理婚姻登记的机关或者一方当事人常住户口所在地的婚姻登记机关申请补领。婚姻登记机关对当事人的婚姻登记档案进行查证，确认属实的，应当为当事人补发结婚证、离婚证。

问题3：
婚姻登记机关发现有哪些情形时，
应当不予办理登记？

[案例]

　　美美和帅帅生活在农村，两人中学毕业后就没有再上学了。经媒人介绍后，美美和帅帅一直以男女朋友关系相处。如今两人已年满19周岁，家里人觉得他们年纪不小，该成家立业了。于是，两家张罗着为两人筹办婚礼。在农村，有人认为只要是办过婚礼，就算结婚了。因此，两家都没有想过要让孩子们办理结婚登记的事情。在两人办过婚礼之后，美美对帅帅说："我上大学的同学告诉我，经过政府部门登记的婚姻才受国家法律的保护，咱们也去登记吧。"于是两人带着身份证、户口簿来到县人民政府民政部门申请结婚登记，但却被告知两人不符合准予结婚登记的情形，不能办理结婚登记。

[法律问题]

帅帅和美美为什么不符合准予结婚登记的情形呢？还有哪些情形婚姻登记机关不予办理结婚登记呢？

[法律分析]

《中华人民共和国民法典》规定当事人只有达到法定的结婚年龄，即男满22周岁、女满20周岁的，才可以结婚；没有达到法定婚龄的，婚姻登记机关是不予办理结婚登记的。帅帅和美美刚刚年满19周岁，均未达到法定婚龄，是不符合结婚登记的要求的。根据《中华人民共和国民法典》和《婚姻登记条例》的规定，婚姻登记机关发现前来办理结婚登记的当事人有以下任何一种情形，都应当不予办理结婚登记：（1）没有达到法定结婚年龄的；（2）双方非自愿的；（3）一方或者双方已经有配偶的；（4）双方属于直系血亲或者三代以内旁系血亲关系的。

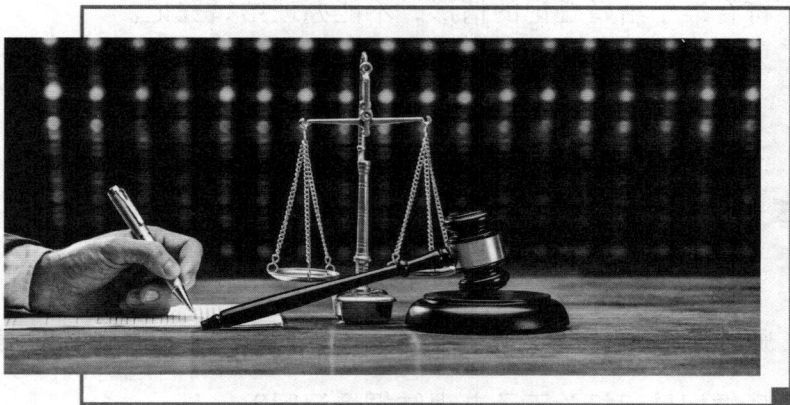

［案例拓展］

法律规定了婚姻无效的三种情形：（一）重婚；（二）有禁止结婚的亲属关系；（三）未到法定婚龄。如果出现上述三种情况，即使已经办理了结婚登记，婚姻也属于无效。婚姻登记机关在办理结婚登记时发现有禁止结婚的情形、婚姻无效的情形，应当不予办理结婚登记。

问题4：
跨国婚姻应适用哪国的法律？

[案例]

美美从小就具有很强的语言天赋，本科、研究生学习的都是英语专业。美美研究生毕业后留校任教，担任英语老师。美美的同事帅帅是从美国来的口语老师，帅帅幽默、有活力，特别是他独特的思维方式深深地吸引着美美，而长期在中国生活的帅帅也想找一位中国妻子。帅帅注意到了聪明、漂亮的美美，两人经常在一起学习、交流，互相了解了一段时间后，两人建立了恋爱关系。帅帅的浪漫让美美觉得非常幸福，而美美的知性、温柔也令帅帅深深地着迷。帅帅任教期满后，想带着

看了就能懂的
法律常识
婚姻家庭

KANLE JIU NENG DONG DE
FALÜ CHANGSHI
HUNYIN JIATING

美美回到美国结婚、生活。美美和家人商量后，辞去了大学教师的工作，跟随帅帅到了美国，并在当地办理了结婚登记。

美美与帅帅结婚后，创办了一所中文培训机构。因为美美在教授语言上有丰富的经验，因此培训机构非常受美国人和美籍华人的欢迎。帅帅回到美国后，一直没有固定的工作，反而经常去酒吧喝酒玩乐。美美对帅帅的行为非常不满，经常查询帅帅的账单、电话、钱包、信件等物品。有人打电话给帅帅时，美美也会不经其同意就接听电话，这令帅帅很反感，他认为美美侵犯了其隐私。两人经常发生争执，感情也是一落千丈。美美在美国生活了两年，不愿意再与帅帅生活，意欲与帅帅离婚。但是帅帅没有正式工作，想要靠着美美的中文培训机构享受自在的生活，因此坚决不同意离婚。美美见协商不成，就关掉了中文培训机构，整理行李回到了中国。美美在一所大学找到了英语教师的工作，开始了新的生活。美美回国一段时间后，就联系帅帅协议离婚，但是帅帅不同意，美美就想在国内起诉离婚。

[法律问题]

美美能在国内起诉离婚吗？离婚应适用哪国的法律？

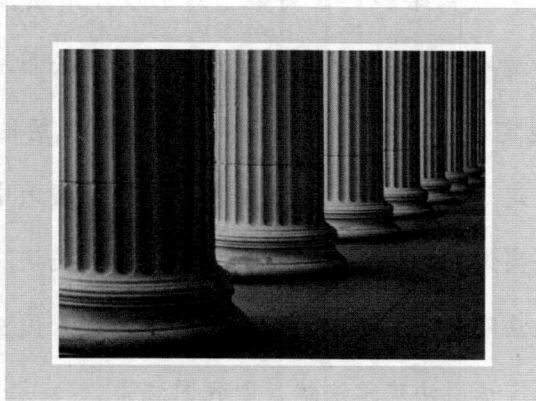

[法律分析]

涉外家庭关系，指含有涉外因素的婚姻家庭关系，婚姻家庭关系的主体一方或双方是外国人或无国籍人，引起婚姻家庭关系产生、变更或消灭的法律事实发生在国外。根据《中华人民共和国民事诉讼法》第二十二条的规定，对不在中华人民共和国领域内居住的人提起的有关身份关系的诉讼由原告住所地人民法院管辖。也就是说，只要一方是在中国境内居住的人，即便对居住在中国境外的

看了就能懂的
法律常识
婚姻家庭
KANLE JIU NENG DONG DE
FALÜ CHANGSHI
HUNYIN JIATING

被告提起离婚诉讼，中国法院也有管辖权。案例中，美美回到中国居住，而且其一直是中国公民，那么她就可以向其住所地的人民法院起诉离婚。

离婚分为协议离婚和诉讼离婚。对于涉外婚姻协议离婚与诉讼离婚的法律适用，《中华人民共和国涉外民事关系法律适用法》做了详细的规定，其中第二十六条规定了协议离婚的法律适用，第二十七条规定了诉讼离婚，适用法院地法律。案例中，美美想要通过诉讼达到离婚的目的，可以向其住所地的人民法院提出离婚诉讼。如果人民法院受理了美美的离婚诉讼，那么人民法院在审理此离婚案件时就应适用法院地法律，即我国法律。

[案例拓展]

《中华人民共和国涉外民事关系法律适用法》第二十六条规定了协议离婚的法律适用问题：当事人可以协议选择适用一方当事人经常居所地法律或者国籍国法律。当事人没有选择的，适用共同经常居所地法律；没有共同经常居所地的，适用共同国籍国法律；没有共同国籍的，适用办理离婚手续机构所在地法律。

问题5：
因受骗而与他人结婚，可以请求撤销婚姻吗？

[案例]

帅帅从小过着衣来伸手、饭来张口的生活，父母溺爱他，爷爷奶奶对他更是有求必应。帅帅考上大学后，离开了父母，独自一人到异地生活。由于父母的溺爱，帅帅生活自理能力很差，也不会与人相处，与同学经常闹矛盾，做事情总是以自我为中心。同学们都不乐意与帅帅交流，所以帅帅在大学期间一直没有朋友，这使得他性格逐渐孤僻、自卑。大学毕业后，帅帅在外漂泊了半年也没能找到工作，无奈之下只好返回家乡。

回到家之后他更是好吃懒做，父母对这个不成器的儿子也是冷眼相看。帅帅经受不住打击，内心无比狂躁、焦虑、敏感、多疑，每次情绪不好时都会乱摔东西。帅帅的父母觉得是儿子心情不好，过段时间就会好的，就没有特别在意。但是半年过后，帅帅的情况更加严重，帅帅的妈妈就带着帅帅到医院检查，结果医生诊断帅帅患上了精神分裂症。经过治疗，帅帅的病情并没有好转，反而越来越严重。

帅帅的父母看着患病的儿子到了结婚的年纪，想帮儿子找一个媳妇来照顾他的余生。正当发愁之时，帅帅妈妈的一位老朋友打电话来询问帅帅有没有对象，想要给帅帅介绍对象。女孩美美家在外省，人长得也好看。帅帅的妈妈心里乐开了花，就在帅帅精神状态好的情况下安排了帅帅和美美见面，并且隐瞒了帅帅的病情。美美看到帅帅长得很精神，还是大学生，家庭条件也不错，就同意了与帅帅的婚事。两个月后，帅帅的妈妈陪同帅帅和美美到民政局办理结婚登记。办理结婚登记前，美美想和帅帅一同进行婚前医学检查，但是帅帅的妈妈说现在国家不要求必须进行体检，可以直接登记。于是，美美和帅帅在没有体检的情况下领取了结婚证。

婚后不久，美美就发现帅帅性格多疑，经常摔东西，脾气反复无常，根本无法与其正常生活。她还发现帅帅服用大量治疗精神疾病的药物。美美遂向帅帅的妈妈求证，帅帅的妈妈只好如实告知了帅帅的病情。美美立即表示帅帅一家人欺骗了她，称她和帅帅的婚姻是无效的，她要离开帅帅。

[法律问题]

案例中，美美和帅帅的婚姻有效吗？

[法律分析]

《中华人民共和国民法典》明确规定，在一方当事人故意隐瞒自身患有重大疾病而与对方结婚的情况下，对方可以向人民法院申请撤销婚姻。案例中，帅帅患有精神疾病却故意隐瞒，并且在美美要求进行婚前体检时，为了避免美美发现帅帅的病情而拒绝进行婚前体检，致使美美在不知情的情况下与帅帅办理结婚登记。因此，两人之间形成的婚姻属于可撤销婚姻。美美可以向人民法院申请撤销与帅帅的婚姻。

[案例拓展]

根据《中华人民共和国民法典》的规定，可撤销的婚姻有两种情形：第一种是因胁迫结婚的，受胁迫的一方可以向人民法院请求撤销；第二种是一方当事人患有重大疾病未告知另一方的，另一方可以向人民法院请求撤销。

患有医学上认为不宜结婚的疾病主要包括：艾滋病、淋病、梅毒等传染性疾病，精神分裂症及其他重型精神病。患有这些疾病的人不仅自身健康受到损害，还有可能传染给配偶，殃及后代。虽然每个人都依法享有婚姻自主权，但是患者在结婚前应当将自己的病情如实告知结婚对象，否则对方有权向人民法院申请撤销婚姻。

问题6：
被父母逼婚，可以请求撤销婚姻吗？

[案例]

美美和小帅青梅竹马，是小学同学。高中毕业后，两人都没考上大学，一起去了上海打工。在上海，两人相互照应、相互鼓励。转眼间，两人到了谈婚论嫁的年龄，准备结婚。美美和小帅决定回到老家把两人的事情告诉家里人，想征得父母的同意。然而，美美父母并不认可小帅，反对两人的婚事，并为美美重新物色了一个对象，是村主任的儿子帅帅。虽然帅帅人不错，家里条件也好，但美美觉得自己喜欢的人是小帅，不愿意嫁给帅帅。美美父母为了让其嫁给帅帅，以死相逼。美美无

奈之下与帅帅登记结婚。婚后两人过得并不幸福，经常因为小
事吵架，帅帅甚至还会打骂美美。美美感觉这种痛苦的日子实
在是过不下去了，却不知该如何是好。

[**法律问题**]

美美有权请求人民法院撤销自己的婚姻吗？

[法律分析]

美美和帅帅之间的婚姻是典型的包办婚姻。所谓包办婚姻，是指婚姻关系以外的第三人（包括父母）违反婚姻自愿原则，在违背婚姻当事人意愿的情况下，强迫其结婚。《中华人民共和国民法典》第一千零四十二条第一款规定："禁止包办、买卖婚姻和其他干涉婚姻自由的行为。禁止借婚姻索取财物。"案例中，美美在父母的强迫下与帅帅登记结婚，并非美美本人的意愿，而且她与帅帅也没有在婚后建立起任何感情。因此，她可以向人民法院申请撤销其与帅帅的婚姻。

[案例拓展]

婚姻自由不仅包括结婚自愿，而且包括离婚自由。结婚应当遵循双方的意思，任何个人或组织都无权干涉。离婚时也应本着离婚自由原则，双方对夫妻共同财产分割和孩子抚养问题达成一致意见后，可以去民政局办理协议离婚。若夫妻感情确已破裂，也可以向人民法院提起离婚诉讼。

问题7：
只举办了婚礼而未到民政局登记，
这样的婚姻效力如何？

[案例]

　　帅帅和美美青梅竹马，两人高中毕业后，在双方父母的主持下举行了婚礼。因为结婚时二人还没有达到法定结婚年龄，所以只举行了婚礼，而没有进行结婚登记。婚礼过后不久，美美就怀孕了，日子一长，两个人也忘了去办理结婚登记。现在美美的孩子即将出生，美美和帅帅忽然想到还没有办理结婚登记，这时两个人一下子慌了，心想：没有结婚证，孩子以后怎么上户口？经过多方打听，两人终于办理了结婚登记。

［法律问题］

只举办了婚礼而未到民政局登记，这样的婚姻效力如何？

［法律分析］

《中华人民共和国民法典》一千零四十九条规定："要求结婚的男女双方应当亲自到婚姻登记机关申请结婚登记。符合本法规定的，予以登记，发给结婚证。完成结婚登记，即确立婚姻关系。未办理结婚登记的，应当补办登记。"在未补办登记之前，男女双方不存在合法有效的婚姻关系，相互不存在夫妻的权利和义务。在补办登记之后，男女双方的同居关系转化为合法的婚姻关系。我国传统的结婚形式是举行婚礼，但法律对结婚是否一定要举行婚礼未进行规定。根据《中华人民共和国民法典》的有关规定，结婚实行登记制度，进行登记是使婚姻合法有效的必经程序。因此，结婚必须依法办理结婚登记，不能以是否举行仪式作为婚姻关系是否成立的标志，更不能以仪式代替登记。没有进行登记的婚姻，不受法律保护。案例中，帅帅和美美在举行婚礼时未达到法定结婚年龄，后来补办结婚登记，他们的婚姻才合法有效。

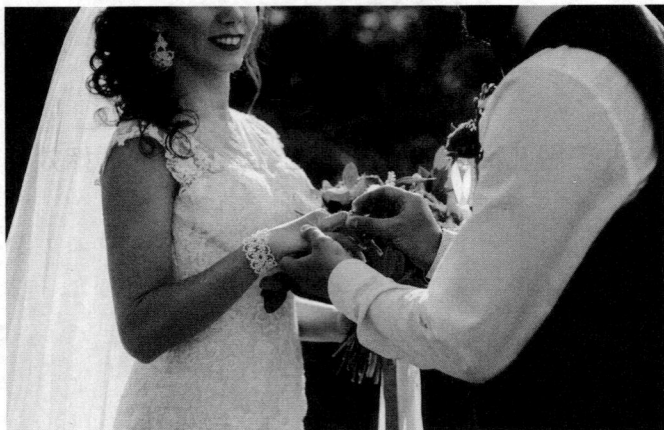

[案例拓展]

尽管《中华人民共和国民法典》明确规定结婚必须采取登记形式，但是在现实生活中，男女双方未办理结婚登记而以夫妻名义共同生活的情况仍然存在。我国法学学者将未办理结婚登记而以夫妻名义共同生活的现象称为事实婚姻。根据《最高人民法院关于适用〈中华人民共和国民法典〉婚姻家庭编的解释（一）》的有关规定，对事实婚姻的处理原则如下：

（1）1994年2月1日民政部《婚姻登记管理条例》公布实施以前，男女双方已经符合结婚实质要件的，按事实婚姻处理。

（2）1994年2月1日民政部《婚姻登记管理条例》公布实施以后，男女双方符合结婚实质要件的，人民法院应当告知其补办结婚登记。未补办结婚登记的，如果当事人提起诉讼请求解除同居关系的，人民法院不予受理。

问题8：
男女未婚同居中产生矛盾，可以向法院起诉吗？

[案例]

　　帅帅与美美就读于某大学，既是同学也是恋人，毕业后一起留在了大学所在地工作。两人决定先同居，暂不领证。刚开始，两人生活得很幸福，俨然一对小夫妻的样子。慢慢地，两人开始发生矛盾，经常因为生活中的小事吵架。最终，美美因无法忍受继续和帅帅生活下去而提出了分手。两人在分割财产时产生了矛盾，于是美美向人民法院提起了诉讼。

[**法律问题**]

案例中，美美可以向人民法院起诉吗？

[**法律分析**]

《最高人民法院关于适用〈中华人民共和国民法典〉婚姻家庭编的解释（一）》中第三条第二款规定："当事人因同居期间财产分割或者子女抚养纠纷提起诉讼的，人民法院应当受理。"据此可以得知，法院会受理当事人因分割同居期间财产或子女抚养纠纷而提起的诉讼。当然，此规定并不是从法律上肯定未婚同居的正当性，而是为了维护当事人的人身及财产的合法权益。也就是说，未婚同居且没有办理结婚登记的，发生纠纷时也可以运用法律手段维护自身的合法权益。但是，未婚同居的关系是无法得到法律保护的，法院只对未婚同居期间发生的财产或子女抚养纠纷进行审判。因此，对于帅帅与美美因同居产生的纠纷，美美是可以到人民法院起诉的，但是仅限于因财产分割问题产生的纠纷。

[案例拓展]

如果只是举行结婚仪式，没有进行结婚登记，那双方当事人就不属于法律上的婚姻关系，只是同居关系。根据《最高人民法院关于适用<中华人民共和国民法典>婚姻家庭编的解释（一）》第三条的规定，当事人提起诉讼仅请求解除同居关系的，人民法院不予受理。当事人因同居期间财产分割或者子女抚养纠纷提起诉讼的，人民法院应当受理。

简而言之，同居不等于结婚，其不能受到《中华人民共和国民法典》有关婚姻方面条文的保护，但是双方当事人的合法权益，包括同居期间发生的财产或子女抚养权益，仍会受到法律的保护。

问题9：
婚姻无效或被撤销后有什么法律后果？

［案例］

帅帅与妻子美美结婚的第二年，帅帅成立了一家食品运输公司，经济效益一直很好。美美也辞去了以前的工作，在家相夫教子。自成立公司以来，帅帅需要交往的人很多，他经常出席各种商业聚会。一次，帅帅在聚会上认识了靓靓，并对其产生了爱慕之情。靓靓让帅帅与美美离婚。帅帅既不愿意与美美离婚，又不想失去靓靓，便骗靓靓自己已经离婚，并与其在另一个城市结婚。美美知情后，向法院起诉，提出了确认帅帅与靓靓婚姻无效的诉讼请求。

[法律问题]

法院判决确认帅帅与靓靓婚姻无效后会产生什么法律后果?

[法律分析]

《中华人民共和国民法典》第一千零五十四条规定:"无效或者被撤销的婚姻自始没有法律约束力,当事人不具有夫妻的权利和义务。同居期间所得的财产,由当事人协议处理;协议不成的,由人民法院根据照顾无过错方的原则判决。对重婚导致的无效婚姻的财产处理,不得侵害合法婚姻当事人的财产权益。当事人所生的子女,适用本法关于父母子女的规定。婚姻无效或者被撤销的,无过错方有权请求损害赔偿。"案例中,帅帅与靓靓的婚姻自始不发生法律约束力,帅帅的收入中属于夫妻共同财产的部分,美美有权要求靓靓返还。同时,帅帅在已有配偶的情况下仍与靓靓结婚的行为还构成《中华人民共和国刑法》规定的重婚罪。

[案例拓展]

《中华人民共和国民法典》第一千零五十一条规定："有下列情形之一的，婚姻无效：（一）重婚；（二）有禁止结婚的亲属关系；（三）未到法定婚龄。"《中华人民共和国刑法》第二百五十八条规定："有配偶而重婚的，或者明知他人有配偶而与之结婚的，处二年以下有期徒刑或者拘役。"

问题10：
什么是离婚冷静期？

[案例]

美美和帅帅是经人介绍认识的，双方迫于家庭的催婚压力，认识不久就结婚了。因为没有过多的了解，结婚后，双方发现彼此都有很多缺点。帅帅每天热衷于打游戏，不外出工作，也不想着如何赚钱，花钱还大手大脚。两人隔三岔五就会发生激烈的争吵，美美觉得两人无法生活在一起。半年后，美美提出离婚，帅帅也没有反对。两人到婚姻登记机关办理离婚登记，但是，民政局没有当场发放离婚证。原来，这里面涉及一个新的规定，即"三十日的离婚冷静期"。美美和帅帅回家后，经过亲朋好友的劝告和自己的反思，觉得婚姻是大事，结婚后应该承担起相应的责任。于是，帅帅痛改前非，变得勤奋起来。后来，夫妻二人向民政局撤回了离婚登记申请。

[法律问题]

什么是离婚冷静期？

[法律分析]

离婚冷静期，是指夫妻双方准备离婚时，根据法律规定，给予双方一段时间，以考虑清楚是否继续离婚。《中华人民共和国民法典》第一千零七十七条规定："自婚姻登记机关收到离婚登记申请之日起三十日内，任何一方不愿意离婚的，可以向婚姻登记机关撤回离婚登记申请。前款规定期限届满后三十日内，双方应当亲自到婚姻登记机关申请发给离婚证；未申请的，视为撤回离婚登记申请。"据此可知，离婚冷静期的时间是三十日。在这三十日内，如果双方和好，可以撤回离婚申请；如果双方执意离婚，那么在离婚冷静期届满后，可以申请发放离婚证。

[案例拓展]

夫妻双方到婚姻登记机关申请离婚即为协议离婚，双方应签订书面离婚协议，应注意以下几个问题：

（一）协议内容表述引起的纠纷

（1）离婚协议的内容过于简单笼统。比如，协议约定"财产已分割完毕，双方对此无异议"，但是对于有哪些财产、如何进行分割等问题却没有在协议中体现，如此约定漏洞较大。（2）离婚协议中某些概括性条款的约定过于宽泛。比如协议约定"男女双方名下的其他财产归各自所有"或"男女双方无其他财产争议"等类似表述。为避免离婚后对财产分割产生争议，离婚协议对于财产分割的约定应当尽量详尽。

（二）涉及贷款的房产在离婚协议中分割引起的纠纷

离婚时，应当详尽地了解房屋贷款的问题，可向具体贷款银行了解落实离婚协议需要的条件和材料，以防止离婚协议中的房产被贷款银行执行的情形。

（三）银行存款引起的纠纷

夫妻共同生活中，一般银行存款主要存在一方名下，而对方往往并不清楚家里的积蓄被存于哪个银行，甚至不清楚家里有多少存款。因此，为了使财产分割透明化，防止财产的漏分，在离婚协议中需明确共同存款的数额，以及现存于谁的名下、存于哪一个银行。具体来说，可以详细列出包括开户行、开户名、账号、存款余额、币种等在内的信息。这样离婚后，一方若发现另一方还存在离婚协议中没有记载的存款，便可以通过诉讼的方式要求分割，并要求故意隐匿的一方承担少分甚至不分的法律后果。

（四）股票引起的纠纷

离婚协议中，当事人往往只是笼统地约定一方名下股票的总市值。这样一来，一旦对方不履行给付义务，而当事人起诉到法院，由于不知对方的具体股票信息，查询起来就比较麻烦。因此，在协议离婚时，应当在协议中写明股票代码、开户账号及证券交易所，从而省去不必要的麻烦。

（五）公司股权引起的纠纷

如果离婚协议中约定，分割一方名下股权的一部分给对方，此时我们应当注意该条款的效力。相关法律中规定了关于其他股东优先购买权的问题，股东对外转移股权，其他股东有优先购买权，可能会导致该约定无法实际履行。

（六）前后多份离婚协议书效力认定引起的纠纷

当事人在离婚过程中，可能形成多份离婚协议，甚至在办理完离婚登记后，还会就财产分割事宜达成新的协议。在认定效力上，后签订的协议应当优于先签订的协议。

（七）遗漏财产的分割纠纷

如果双方离婚后，任何一方发现对方有隐匿财产的情形，在有效期间内都可以向人民法院提起诉讼。根据《最高人民法院关于适用〈中华人民共和国民法典〉婚姻家庭编的解释（一）》第八十四条的规定，当事人向人民法院提起诉讼，请求再次分割夫妻共同财产的诉讼时效为三年，从当事人发现之日起计算。

（八）经过公证的离婚协议的效力认定

经过公证的、附离婚条件的财产分割协议在性质上属于附生效条件的合同，双方签字后成立，在完成离婚登记后生效。公证的效力在于确认协议的内容是双方当事人的真实意思表示，但不能改变协议的生效条件，也即离婚协议即使经过公证机关公证，但并没有"自动生效""优先生效"的法律效果。

问题11：
离婚诉讼中，如何判定"夫妻感情确已破裂"？

[案例]

美美与帅帅结婚已经快二十年了，这期间，两人一直相敬如宾，但最近他们的感情出现了危机。美美在帮帅帅整理衣物时发现一张购买钻戒的购物小票，以为是帅帅要送给自己的结婚二十周年的礼物，但是过了许久，美美并没有收到帅帅的礼物。美美开始注意帅帅的行为，发现帅帅出轨了一名女大学生。美美对帅帅彻底失望，向帅帅提出离婚，帅帅不同意。于是，美美向法院提起了诉讼，称两人感情已经破裂，请法院准予离婚。而帅帅认识到了自己的错误，认为两人二十年的感情不可能说破裂就破裂，称两人之间还存在深厚的感情，不肯离婚。

[法律问题]

离婚诉讼中，如何判定"夫妻感情确已破裂"？

[法律分析]

根据有关规定和审判实践经验，凡属下列情形之一的，视为夫妻感情确已破裂，一方坚决要求离婚，经调解无效，可依法判决准予离婚：

（1）重婚或者与他人同居；

（2）实施家庭暴力或者虐待、遗弃家庭成员；

（3）有赌博、吸毒等恶习屡教不改；

（4）因感情不和分居满二年；

（5）其他导致夫妻感情破裂的情形。

[**案例拓展**]

如何认定夫妻感情确已破裂，是诉讼离婚适用法律的关键。在司法实践中，认定夫妻感情是否确已破裂，需要综合婚姻基础、婚后感情、离婚原因、夫妻关系的现状和有无和好的可能等方面进行分析。《中华人民共和国民法典》第一千零七十九条第二款规定："人民法院审理离婚案件，应当进行调解；如果感情确已破裂，调解无效的，应当准予离婚。"如果夫妻感情确已破裂，经调解无效，人民法院应作出准予离婚的判决。

问题12：
无民事行为能力的子女能否由父母
代为提起离婚诉讼？

[案例]

美美从小到大一直是被人羡慕的对象，她不但长得漂亮，而且特别聪明，高考时她考上了国内最好的大学。美美毕业后进入一家外企工作。在这里，她遇到了帅帅。帅帅风趣幽默、认真负责，正好是美美喜欢的类型。他们交往三个月，便结婚了。婚后，每次帅帅想让美美跟他一块儿去见朋友，美美都不想去，这让他很苦恼。朋友们都说他没老婆。有一天帅帅喝醉了，他没有控制住自己，为了这件事情和美美吵了起来，并对美美大打出手。帅帅清醒之后，乞求美美原谅他。虽然美美最终原谅了他，但夫妻感情受到很大伤害。到了后来，帅帅干脆就限制了美美的人身自由，不让她出门、打电话，每天要对美美虐打好几次。美美终于受不住，精神崩溃了。这时，帅帅才醒悟，把美美送进了医院，并且通知了美美的父母。美美的爸爸看到原本快乐聪明的女儿变成现在疯疯癫癫的样子，他想代替女儿向法院提起离婚诉讼。

[法律问题]

案例中，美美的爸爸可以代替女儿向法院提起离婚诉讼吗？

[法律分析]

离婚诉讼中，无民事行为能力人主要是指完全不能辨认自己行为的精神病人、植物人等。案例中，美美是无民事行为能力的精神病人，依法应该由她的丈夫帅帅担任监护人，但因为无民事行为能力人提起的是离婚诉讼，帅帅自身为被告，且美美的精神失常完全是帅帅一手造成的，根据《中华人民共和国民法典》第三十六条的规定，可以申请撤销帅帅的监护人资格；同时根据最有利于被监护人的原则，应从有监护资格的人中择优确定。美美的父亲可以作为美美的法定监护人，依法代为提起和参加离婚诉讼，保护美美的合法权益。值得注意的是，法定代理人代理无民事行为能力人提起离婚诉讼，其目的是维护无民事行为能力人的婚姻权、财产权和其他权益，代理人对被代理人是否离婚，无权作出意思表示，而是由人民法院根据当事人的婚姻状况和有关法律规定，作出是否离婚的裁判。

[案例拓展]

《中华人民共和国民事诉讼法》第六十条规定："无诉讼行为能力人由他的监护人作为法定代理人代为诉讼。法定代理人之间互相推诿代理责任的，由人民法院指定其中一人代为诉讼。"

如果监护人有下列情形：实施严重损害被监护人身心健康的行为；怠于履行监护职责，或者无法履行监护职责且拒绝将监护职责部分或者全部委托给他人，导致被监护人处于危困状态；实施严重侵害被监护人合法权益的其他行为。人民法院依据《中华人民共和国民法典》第三十六条的规定，根据有关个人或者组织（包括：其他依法具有监护资格的人，居民委员会、村民委员会、学校、医疗机构、妇女联合会、残疾人联合会、未成年人保护组织、依法设立的老年人组织、民政部门等）的申请，撤销其监护人资格，安排必要的临时监护措施，并按照最有利于被监护人的原则依法指定监护人。如果有关个人和民政部门以外的组织未及时向人民法院申请撤销监护人资格的，民政部门应当向人民法院申请。

⚖ 问题13：
当事人收到一审离婚判决后，可以
马上再婚吗？

[案例]

美美与丈夫帅帅结婚十几年，感情一直不太好，美美一直
都知道帅帅在外边有别的女人，但是为了孩子一直没有说破。
前段时间，美美也遇到了对自己十分不错且自己又十分喜欢的
男人，如今孩子也长大了，她不想再委屈自己了。美美便想，
既然感情已经到了这种不可挽回的地步，那就离婚吧。但是当
美美提出要与帅帅离婚时，帅帅却不同意了。帅帅认为，离婚
就要分割夫妻共同财产，而他不想把自己挣的钱分给美美。交

涉无果，美美只好起诉到法院，请求法院判决二人离婚。人民法院经过审理，认为美美和帅帅之间的感情确已破裂，婚姻关系已经没有再存在下去的必要，遂认为二人符合法定离婚的条件，判决二人离婚。美美拿到法院的一审判决书后，与现任的男朋友庆祝，二人都很高兴，当即决定去登记结婚，于是二人便来到婚姻登记机关。工作人员查看了二人提交的证明材料，发现美美的离婚判决是前两天才收到的。根据《中华人民共和国民事诉讼法》的有关规定，美美所持的离婚判决还没有经过上诉期，也就是说该离婚判决还没有发生法律效力。婚姻登记机关遂以此为由拒绝为美美与其男友办理结婚登记。

[法律问题]

案例中，婚姻登记机关的说法是否符合法律规定呢？美美与其男友何时才能去办理结婚登记呢？

[法律分析]

根据《中华人民共和国民事诉讼法》的规定，我国实行两审终审制。在一审程序结束之后，当事人之间的民事法律关系并没有就此结束，这时会产生一个为期十五天的上诉期。也就是说，在一审判决书送达后，当事人可以在十五天内提出上诉，在十五天内未提出上诉的，一审判决才发生法律效力；如果一审判决送达后当事人在十五天内提起上诉，那么一审判决就不发生法律效力。这里所提到的十五天，即上诉期。但是由于我国法律规定二审程序是终审程序，那么二审判决就是终审判决，判决书送达后立即发生法律效力。也就是说，在通常情况下如果当事人不上诉，人民法院的第一审判决就要在送达十五日后才能发生法律效力；但是如果是二审程序中的判决，那么判决送达后就立即会发生法律效力。除此之外，《中华人民共和国民事诉讼法》为了防止婚姻关系当事人在收到判决后且判决发生效力之前又另行结婚的行为，还明确规定宣告离婚判决时，必须告知当事人在判决发生法律效力前不得另行结婚。

案例中，美美虽然拿到法院的一审离婚判决书，但是其收到法院的判决书仅仅两天，所以该判决尚未发生法律效力，美美与帅帅的婚姻关系还未解除，她与现男友立即前往婚姻登记机关办理结婚登记的行为是非法的。即使办理了结婚登记，其婚姻关系也是无效

的，不能得到法律的保护。如果帅帅在收到判决后十五日内没有对
离婚判决提起上诉，那么该判决就发生了法律效力，美美与帅帅的
婚姻关系即宣告解除，美美可与其男友去办理结婚登记。

[**案例拓展**]

根据《中华人民共和国民事诉讼法》第一百七十一条第一款
的规定，如果当事人不服地方人民法院第一审判决的，有权在判决
书送达之日起十五日内向上一级人民法院提起上诉。而在上诉的过
程中，原审法院的判决是没有生效的。另外在第一百五十一条第三

款、第四款中也明确规定了法院在宣告判决时，必须告知当事人上诉权利、上诉期限和上诉的法院；宣告离婚判决，必须告知当事人在判决发生法律效力前不得另行结婚。

第二章
夫妻间的权利和义务

问题1:
丈夫有权要求妻子做全职太太吗?

[案例]

　　帅帅大学毕业后和朋友一起创业,经过多年打拼,公司从刚开始的一个小工作室发展成了一家上市公司。但是因为工作太忙,帅帅一直没有谈恋爱。在一次同学聚会的过程中,帅帅发现自己大学时暗恋的女生美美还没有结婚,于是展开了猛烈追求。美美被帅帅打动了,答应了和帅帅交往。交往一段时间后,帅帅向美美求婚了。美美很感动,但是她是一个事业型女性,于是和帅帅商量,结婚后自己要继续工作,不会当全职太太。帅帅也答应让她做自己喜欢的工作,并表示不要太辛苦。

两个月后，帅帅的家人为两人举行了盛大的婚礼。结婚一段时间后，美美发现自己怀孕了，与丈夫商量之后，她决定先安心养胎。一年之后，女儿出生，全家人都很高兴。一年的哺乳期对于美美来说实在有些漫长。美美一直没有打消自己工作挣钱的念头。美美向丈夫说了自己的想法后，丈夫表示不同意。因为这件事，夫妻两人僵持不下，吵得不可开交。

[法律问题]

丈夫有权要求妻子在家做全职太太吗？

[法律分析]

帅帅不能要求妻子在家做全职太太，除非妻子自愿。《中华人民共和国民法典》第一千零五十七条规定："夫妻双方都有参加生产、工作、学习和社会活动的自由，一方不得对另一方加以限制或者干涉。"可见，夫妻之间是平等的，双方都有工作的权利和自由，应该相互尊重。具体到本案例中，帅帅没有权利要求妻子在家做全职太太，如果妻子执意出去工作，他就不能阻止。

[**案例拓展**]

根据《中华人民共和国宪法》的规定：中华人民共和国公民有劳动的权利和义务；妇女在政治、经济、文化、社会和家庭生活等方面享有同男子平等的权利。

问题2：
家庭暴力是指什么？

[案例]

　　美美和帅帅经人介绍相识。帅帅见美美第一眼就喜欢上了美美，同时美美也被帅帅英俊的外表所吸引。帅帅的体贴入微让美美的父母很满意，决定将女儿嫁给他。不久后，两人结婚了，一起过上了幸福快乐的日子。但是好景不长，帅帅的母亲因病需要大额的手术费，无奈之下，帅帅只好把房子卖了才凑够了手术费。帅帅母亲的手术很成功，但是后期治疗也需要很多钱。美美为了省下请护工的钱，一下班就回来照顾婆婆。在美美的悉心照料下，婆婆的病慢慢好了起来，帅帅的事业也有了起色。日子慢慢好了起来，但是美美发现帅帅的行为有些异常，帅帅与单位一名女子关系暧昧。美美便提出此事，没想到惹来帅帅的大怒，并动手打了美美一巴掌。挨了打的美美感觉十分委屈，也不敢和父母说起，只能和朋友哭诉。美美想到几个月大的孩子，她没有勇气离婚。况且，她也没有丈夫"出轨"的证据，美美回到家后，帅帅向美美道歉，并解释他与那个女人没有任何关系，让她不要胡思乱想。事情就这样过去了。又过了五年，美美发现丈夫的行为有些奇怪，接电话有时两三句敷衍过去，应酬也突然多了起来。美美有种很不好的直觉，便开始跟踪丈夫。在一次下班后，美美发现丈夫并没有像他说的那样去应酬，而是去了离单位不远的一间出租房，美美的心瞬间跌到谷底。美美气冲冲地冲进去，揪住那个女人就打，没想到丈夫死死地护着那个女人，狠狠地推开了她。美美非常绝望，把事情闹到了帅帅的单位。这把帅帅惹恼了，提出要跟美美离婚。美美不同意离婚，帅帅便再次动手打了她。之后美美坚决不同意离婚，也不接受亲朋好友的劝解。两人冲突不断，帅帅愤怒之下一次次动手打美美，且一次比一次下手狠，直到最后一次将她打成重伤。

[法律问题]

帅帅对美美的行为构成家庭暴力吗？

[法律分析]

帅帅的行为属于家庭暴力，且已经构成犯罪。2015年12月27日，第十二届全国人民代表大会常务委员会第十八次会议通过了《中华人民共和国反家庭暴力法》。该法第二条规定："本法所称家庭暴力，是指家庭成员之间以殴打、捆绑、残害、限制人身自由以及经常性谩骂、恐吓等方式实施的身体、精神等侵害行为。"案例中，丈夫帅帅多次殴打美美，致使美美受伤，其行为显然属于家庭暴力。我国《最高人民法院关于适用〈中华人民共和国民法典〉婚姻家庭编的解释（一）》第一条规定："持续性、经常性的家庭暴力，可以认定为民法典第一千零四十二条、第一千零七十九条、第一千零九十条所称的'虐待'。"案例中，因离婚事宜没有谈妥，帅帅经常对美美大打出手，已经可以认定为虐待。《中华人民共和国反家庭暴力法》第三十三条规定："加害人实施家庭暴力，构成违反治安管理行为的，依法给予治安管理处罚；构成犯罪的，依法追究刑事责任。"《中华人民共和国刑法》第二百六十条规定："虐待家庭成员，情节恶劣的，处二年以下有期徒刑、拘役或者管制。犯前款罪，致使被害人重伤、死亡的，处二年以上七年以下有期徒刑。"案例中的丈夫帅帅在妻子美美拒绝离婚后，经常对其进行殴打，最后一次还将妻子打成重伤，依据上述法律规定已经构成犯罪，应处以二年以上七年以下有期徒刑。

问题3：
丈夫有外遇，妻子可以只向法院提出精神损害赔偿而不提出离婚请求吗？

[案例]

帅帅与妻子美美结婚多年，因为工作原因，两人长期两地分居，只有在单位放假时，两人才能见上一面。一次帅帅回到家后，美美发现帅帅每次接电话都避着自己。美美想一探究竟，于是在帅帅接电话的时候跟了出去，谈话的内容令美美大吃一惊，自己的丈夫竟然"出轨"了。美美非常生气，自己在家照顾老人、孩子，丈夫竟然背叛自己。美美怕自己离了婚别人会说闲言碎语，便向法院提起诉讼，请求在保持婚姻关系的情况下，让帅帅对自己进行精神损害赔偿。

看了就能懂的
法律常识
婚姻家庭
KANLE JIU NENG DONG DE
FALU CHANGSHI
HUNYIN JIATING

[法律问题]

法院会支持美美的请求吗？

[法律分析]

根据《中华人民共和国民法典》第一千零九十一条的规定，有配偶者与他人同居而导致离婚的，无过错方有权请求损害赔偿。但是，人民法院判决不准离婚的案件，对于当事人基于《中华人民共和国民法典》第一千零九十一条提出的损害赔偿请求，不予支持。由此可见，如果帅帅与美美没有离婚，美美是不能要求丈夫对自己进行损害赔偿的。

[案例拓展]

对于离婚损害赔偿请求权，《中华人民共和国民法典》第一千零九十一条明确规定了对由于以下几种情形而导致离婚的，无过错方有权请求损害赔偿：（一）重婚；（二）与他人同居；（三）实施家庭暴力；（四）虐待、遗弃家庭成员；（五）有其他重大过错。

问题4：
离婚时，夫妻一方能不能因抚养子女、照料老人较多而请求另一方给予补偿？

[案例]

　　帅帅和美美结婚多年，帅帅在一家国企上班，美美是一名中学老师，两人育有一子，生活美满幸福。然而，一场车祸改变了这个家庭的命运。帅帅的父母从老家赶来过年，因为下雪天路太滑，在高速路上出了车祸。帅帅的父亲当场死亡，母亲经抢救虽然无生命危险，但成了植物人。办完父亲的丧事后，全家面临的是谁来照顾母亲的现实问题。母亲的身边必须时时刻刻有人照顾，因此夫妻二人必须有一个人辞掉工作。帅帅的收入较妻子来说好一些，且多年来也一直是由美美照顾家里的饮食起居。考虑到经济等多方面的原因，二人商议决定由美美辞去工作，照顾婆婆。为了让丈夫安心工作，美美辞去工作后一心照顾婆婆，安排一家人的生活，十分辛苦，有时可能忽略了对丈夫的关心。美美每天都盼望婆婆能早日醒来，一家人又能幸福地生活在一起。可惜天不遂人愿，五年后，婆婆还是去世了。没想到几个月后，丈夫提出了离婚，理由是二人的感情已经破裂。美美非常难过，但也表示同意。财产分割时，美美要求丈夫对其多年来对家庭的付出予以补偿。

[法律问题]

美美的要求是否合理，是否有法律依据？

[法律分析]

《中华人民共和国民法典》第一千零八十八条规定："夫妻一方因抚育子女、照料老年人、协助另一方工作等负担较多义务的，离婚时有权向另一方请求补偿，另一方应当给予补偿。具体方法由双方协议；协议不成的，由人民法院判决。"由此可见，负担较多义务的一方有权在离婚时向另一方请求赔偿，另一方应当给予补偿。补偿的具体办法双方可形成协议。如果协议不成，负担较多义务的一方可以向法院起诉，由法院判决。案例中，美美为了照顾婆婆辞掉了自己的工作，为这个家庭尽了较多的义务，她可以要求帅帅给予经济补偿。

问题5：
妻子被丈夫强迫发生性行为的，该怎么办？

[案例]

美美与丈夫帅帅经他人介绍认识，两人相处不到一个月就办理了结婚登记。婚后，帅帅不但游手好闲、不思进取，而且还经常酗酒、赌博。于是，美美向帅帅提出离婚，但帅帅不同意。一天早上，美美一如往常正要出门时，却被帅帅拦住，苦苦哀求美美不要与其离婚，并要求与她发生性行为。美美不从，二人便发生厮打。美美多处受伤，最终因势单力薄而让帅帅得逞。

[法律问题]

美美可以向公安机关报案控告帅帅强奸吗?

[法律分析]

案例中,美美遭遇的情况应当属于"婚内强奸"问题,但《中华人民共和国刑法》中并没有关于"婚内强奸"的规定。从表面上看,帅帅违背美美的意愿使用强迫手段与之发生性行为,符合强奸罪的特征,但由于他们之间存在夫妻关系,其性权利是受到法律保护的。夫妻双方对发生性行为没有达成统一意见时,一方因使用强迫手段而被认定为强奸,于法无据。因此,美美无法要求司法机关追究帅帅的刑事责任。但是美美可以遭受到家庭暴力为由提出离婚,并因身体遭受的伤害而请求赔偿。

看了就能懂的
法律常识
婚姻家庭
KANLE JIU NENG DONG DE
FALÜ CHANGSHI
HUNYIN JIATING

[**案例拓展**]

　　婚内强行发生性行为是否构成"强奸"，是一个有争议的话题，我国目前尚未对"婚内强奸"立法。司法实践中的做法是：如果在夫妻关系正常存续期间，丈夫强行与妻子发生性行为的，不认定是强奸；而夫妻关系处在非常时期，如一方正在起诉离婚等，丈夫强行与妻子发生性行为的，可以认定为强奸罪，应当依据《中华人民共和国刑法》第二百三十六条第一款"以暴力、胁迫或者其他手段强奸妇女的，处三年以上十年以下有期徒刑"的规定，对行为人进行定罪量刑。如果丈夫对妻子实施了殴打等行为，但是不构成强奸罪，应当依据《中华人民共和国治安管理处罚法》第四十三条第一款："殴打他人的，或者故意伤害他人身体的，处五日以上十日以下拘留，并处二百元以上五百元以下罚款；情节较轻的，处五日以下拘留或者五百元以下罚款。"

问题6：
丈夫丧失劳动能力，妻子是否应当履行扶养义务?

[案例]

村民帅帅与妻子美美结婚十年。帅帅在镇子里的一家工地打工，每月有近千元的收入，美美则在家务农，照看孩子和老人。2018年冬天，帅帅在工地上出事，从十几米高的楼上摔下，造成下肢瘫痪。由于事故的发生是由于帅帅的违规操作所导致的，因此工地只给了十万元的赔偿金。这十万元对于帅帅的病来说，只是杯水车薪，很快便被花光了，家里的积蓄也所剩无几。更严重的是，帅帅丧失了劳动能力，再也不能到工地

看了就能懂的
法律常识
婚姻家庭
KANLE JIU NENG DONG DE
FALU CHANGSHI
HUNYIN JIATING

挣钱养家，甚至生活都无法自理，需要专人照顾。美美一边种着几亩薄地养家糊口，一边要照顾丈夫、孩子和老人，力不从心。虽然亲戚朋友给了些帮助，但也只能解燃眉之急。几个月下来，美美有些支撑不住，再次去医院询问大夫，丈夫的病到底能不能治好。在得到否定的答案后，她带着两个孩子毅然决然地离开家，到县城去打工了。

帅帅见妻子出走，无奈自己什么都做不了，只能靠年迈的父母照顾，三个人的日子过得很拮据。乡里乡亲非常同情他们，也觉得美美太过无情。就这样过了几个月，同村的村民在打工时碰见了美美，便把消息带了回来。帅帅一家得知后赶紧想办法联系美美，求她回家。几天之后，美美带着两个孩子回来了，只见她一身衣服很是时髦，孩子也都穿得干干净净。原来，因为美美有缝纫的好手艺，在县城一家制衣厂找了个工作，每月有三千多元的收入，几个月下来也攒了不少钱。帅帅原以为妻子回来了，全家团聚，日子又能好好过了，怎么也没想到妻子这次回来并不是为了团聚，而是来和他离婚的。帅帅和公婆怎么也不能接受，美美一气之下便又带着孩子离开了。就这样又过了将近一年，美美杳无音信，没有回家探望过丈夫，更没有往家里寄过一分钱。

[法律问题]

在案例中，妻子是否应当履行扶养义务？

[法律分析]

《中华人民共和国民法典》第一千零五十九条规定："夫妻有相互扶养的义务。需要扶养的一方，在另一方不履行扶养义务时，有要求其给付扶养费的权利。"所谓夫妻之间的扶养义务，主要是夫妻之间相互为对方提供经济上的供养和生活上的扶助，以此来维持日常的生活。案例中，丈夫帅帅丧失了劳动能力和生活能力，在两人婚姻关系存续期间，他有权要求妻子美美给付扶养费，并尽相关扶养义务。这种扶养义务，严格来讲，不仅包括经济上的供养，还包括生活上的扶助，案例中的妻子美美在这两方面都没有尽到义务。

［案例拓展］

《中华人民共和国刑法》第二百六十一条规定："对于年老、年幼、患病或者其他没有独立生活能力的人，负有扶养义务而拒绝扶养，情节恶劣的，处五年以下有期徒刑、拘役或者管制。"具体到本案例中，如果妻子美美有能力扶养而拒绝履行对帅帅的扶养义务，若存在情节恶劣的情形，则有可能构成遗弃罪，会被追究刑事责任。

第三章
与夫妻间财产有关的法律知识

问题1：
夫妻一方的婚前财产会因结婚而转为
夫妻共同财产吗？

[**案例**]

　　帅帅大学毕业后进入一家外企工作，他的才华和能力很快
得到了公司的赏识，后来他顺利当上了部门经理。在有了一定
的积蓄后，帅帅买了房子和车子。后来帅帅在一次聚会中认识
了美美，美美不仅漂亮，而且聪明能干，帅帅对其一见钟情。
两人互相留了联系方式，不久便确立了恋爱关系。半年后，帅
帅与美美登记结婚。两人的婚后生活却不如人意，两人都是事
业型的人，平时很少见面，因此感情出现了裂痕。两人决定协

议离婚，但在分割财产时发生了纠纷：美美认为既然自己已经和帅帅结婚，那么帅帅在婚前买的房子和车子也就变成了夫妻共同财产，离婚时自己应当分得一部分。

[法律问题]

夫妻一方婚前的财产，会因结婚而转为夫妻共同财产吗？

[法律分析]

《中华人民共和国民法典》第一千零六十三条规定："下列财产为夫妻一方的个人财产：（一）一方的婚前财产；（二）一方因受到人身损害获得的赔偿或者补偿；（三）遗嘱或者赠与合同中确定只归一方的财产；（四）一方专用的生活用品；（五）其他应当归一方的财产。"因此，帅帅婚前自己出钱买的房屋和汽车属于其个人财产。《最高人民法院关于适用〈中华人民共和国民法典〉婚姻家庭编的解释（一）》第三十一条规定："民法典第一千零六十三条规定为夫妻一方的个人财产，不因婚姻关系的延续而转

看了就能懂的
法律常识
婚姻家庭
KANLE JIU NENG DONG DE
FALÜ CHANGSHI
HUNYIN JIATING

化为夫妻共同财产。但当事人另有约定的除外。"由此可见，帅帅婚前购买的房子和车子，虽然婚后与美美在共同生活中使用，但是在没有特殊的约定或协议的前提下，不会因结婚而转为夫妻共同财产。也就是说，帅帅在婚前购买的房子和车子，美美在离婚时无权分得。

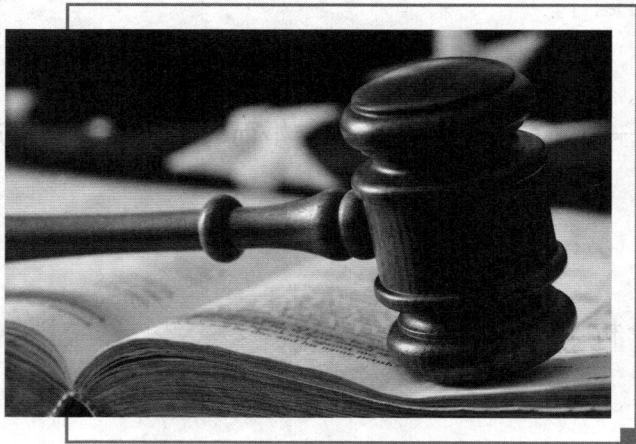

根据《中华人民共和国民法典》第一千零六十五条规定，夫妻可以就婚内和婚前的财产进行约定。夫妻财产约定的法律效力可以分为对内效力和对外效力。对内而言，夫妻财产约定一旦生效，婚姻当事人双方均受此约定约束，夫妻双方都必须依照约定行使权利、履行义务，不得随意变更和撤销。确实需要变更或撤销的，须由夫妻双方协商一致后，以书面形式予以确定。一般认为，如果原来的约定经过公证机构进行公证，那么变更和撤销最好也经过公证机构公证。如果协议中有明确约定，必须经过公证才能变更和撤销，那么非经公证的变更和撤销不生效。对外而言，《中华人民共和国民法典》第一千零六十五条第三款规定："夫妻对婚姻关系存续期间所得的财产约定归各自所有，夫或者妻一方对外所负的债务，相对人知道该约定的，以夫或者妻一方的个人财产清偿。"因此，在夫妻财产约定中，凡第三人事先知道该约定的，具有对抗第三人的效力。如果第三人不知道的，婚姻当事人的约定则不得对抗第三人。

[案例拓展]

常见婚前协议纠纷及处理：

（一）婚前协议与离婚赔偿

法律允许当事人通过书面约定来处理自己的个人财产，若男女双方签订的婚前协议内容不违反法律，也没有损害他人合法权益，并且签订时双方已成年，具有完全民事行为能力，也系双方当事人的真实意思表示，一般被认定有效的可能性较大。即使法院认为"婚前协议"在我国法律中没有规定，但相关书面协议还是可以作为供法院参考采纳的证据材料。但是，如果在婚前协议中约定的相关条款生效的前提是"离婚",则不符合婚前协议的实质要求,实质为"离婚协议"的条款;如果婚前协议中的条款涉嫌"借婚姻索取财物",也可能会引发争议。因此,不能一概认定婚前协议成立并且有效。

（二）婚前协议与"显失公平"

婚前协议不仅涉及财产关系,更多的是结合人身关系的特别因素而制作和签署的。因此,仅从"是否公平"的角度来衡量婚前协议的效力似有不妥,应结合具体案情、双方当事人订约时的意思表示等方面具体认定。

（三）婚前协议中附"结婚"赠与的效力

若协议的内容是以双方办理结婚登记作为协议中财物赠与的前提要件,则依照有关法律规定,附条件的民事法律行为只有在所附条件成立时才能生效。律师在起草婚前协议时,一定要注意区分法律关系,注意婚前协议中相关条款生效的条件是否以婚姻缔结为条件。

（四）婚前协议中赠与房产的约定及效力

《最高人民法院关于适用〈中华人民共和国民法典〉婚姻家庭编的解释（一）》第三十二条规定:"婚前或者婚姻关系存续期间,当事人约定将一方所有的房产赠与另一方或者共有,赠与方在赠与房产变更登记之前撤销赠与,另一方请求判令继续履行的,人民法院可以按照民法典第六百五十八条的规定处理。"即赠与人在赠与财产的权利转移之前可以撤销赠与。因此，赠与的房产也应遵照《中华人民共和国民法典》的有关规定办理变更登记，否则在变更登记之前赠与人可以撤销。

问题2：
夫妻能否约定财产的归属？

[案例]

　　帅帅大学毕业后应聘到一家民营企业。因为能力强，他很快就成了公司的业务骨干，不久又被提拔为公司的中层管理人员。帅帅所做的一切努力都被公司的总经理美美看在眼里，美美渐渐对帅帅产生了好感，美美认为帅帅做事稳重，有上进心，是一个可以依靠一生的人。于是，美美开始追求帅帅。美美长相漂亮，又有才华，帅帅对美美也比较满意。帅帅接受了美美的追求，不久后两人谈起了恋爱。半年后，两人决定登记结婚。为了避免婚后发生财产纠纷，两人经商议决定在结婚前把财产的归属划分清楚，订立协议，以备不时之需。

[法律问题]

夫妻双方可以约定财产的归属吗？

[法律分析]

夫妻双方可以约定婚前及婚后财产的归属。在我国现行的法律中，凡涉及调整一般民事行为的条款，一般都贯彻了公民意思自治、契约订立自由的原则，夫妻双方约定婚前及婚后财产的归属，即公民意思自治的体现，法律是予以尊重和保护的。根据《中华人民共和国民法典》第一千零六十五条的规定，男女双方可以在婚前或婚姻关系存续期间约定双方在婚后的财产及其各自婚前财产的分配。其实，这既是公民自愿处分个人财产的自由，也是公民在婚姻生活中自我防范意识的体现。夫妻双方应当采用书面形式进行约定。双方婚姻关系存续期间的财产及各自婚前的财产，无论是约定归各自所有、共同所有，还是约定部分各自所有、部分共同所有，

看了就能懂的
法律常识
婚姻家庭
KANLE JIU NENG DONG DE
FALU CHANGSHI
HUNYIN JIATING

都是夫妻双方自由意志的体现，对双方均具有约束力。案例中，帅帅和美美在结婚前经过充分协商，一致同意如何约定各自财产的归属，这是符合法律规定的。

[案例拓展]

男女双方可以依据《中华人民共和国民法典》第一千零六十五条规定，约定婚姻关系存续期间所得的财产以及婚前财产归各自所有、共同所有或者部分各自所有、部分共同所有。该约定应当采用书面形式。没有约定或者约定不明确的，适用《中华人民共和国民法典》第一千零六十二条、第一千零六十三条的规定。《中华人民共和国民法典》第一千零六十二条规定："夫妻在婚姻关系存续期间所得的下列财产，为夫妻的共同财产，归夫妻共同所有：（一）工资、奖金、劳务报酬；（二）生产、经营、投资的收益；（三）知识产权的收益；（四）继承或者受赠的财产，但是本法第一千零六十三条第三项规定的除外；（五）其他应当归共同所有的财产。夫妻对共同财产，有平等的处理权。"《中华人民共和国民法典》第一千零六十三条规定："下列财产为夫妻一方的个人财产：（一）一方的婚前财产；（二）一方因受到人身损害获得的赔偿或者补偿；（三）遗嘱或者赠与合同中确定只归一方的财产；（四）一方专用的生活用品；（五）其他应当归一方的财产。"

夫妻双方对婚姻关系存续期间所得的财产以及婚前财产的约定，对双方具有法律约束力。夫妻双方对婚姻关系存续期间所得的财产约定归各自所有，夫或者妻一方对外所负的债务，相对人知道该约定的，以夫或者妻一方的个人财产清偿。

问题3：
父母在子女婚后为子女购买房屋且房产证上只登记一方的名字，此房屋归谁所有？

[**案例**]

美美和帅帅相识于高中，既是同班同学，也是很要好的朋友。帅帅成绩优异，而美美的成绩却不是那么的理想。高考前期，帅帅经常给美美讲知识点，帮美美补习功课，美美也很是感动。成绩出来后，美美的成绩有了显著的进步，于是两人报考了同一所学校，均被录取。大学的生活不像高中那么忙碌，空闲时间也多了起来，两人经常一起外出游玩，渐渐发展成了男女朋友关系。大学毕业后，两人共同考上了本校的研究生继续深造。研二过半，两人开始面临实习和工作的问题。美美想毕业后在大城市工作，而帅帅想回老家考个公务员，这样既丰衣足食，又能照顾自己的父母。美美为了爱情，选择和帅帅一起回老家，帅帅因此很感动。双方父母见面之后对两人都比较满意，建议他们先成家再立业，也好安心工作。因美美和帅帅是在读研究生，决定先领证，毕业后再办婚礼。帅帅的父母承诺会出资给两人购置婚房。美美的父母见帅帅家底还算殷实，帅帅的父母也通情达理，便没有就此事多谈。于是，两人在读研期间办理了结婚登记。婚后不久，帅帅的父母便带美美去看房，经常咨询她的意见，美美很是感动。确定好房屋后，帅帅的父母带着帅帅到售楼处付了全款，签订了房屋买卖合同。

两人毕业后，帅帅和美美的父母帮他们筹划了一场盛大的婚礼。在筹备婚礼过程中，美美的父母忽然想要看看帅帅和美美婚房的房产证。美美的父母发现房产证上写的是帅帅的名字，很不高兴。他们认为，女儿已经和帅帅结婚，房子是在两人婚后购买的，无论是谁出的钱，房产证上都应该有美美的名字，房子应该是夫妻共同财产。美美在得知此事后，心里也很不是滋味，觉得作为婚房，这套房子应该写她和帅帅两人的名字。

[法律问题]

美美及其父母的想法是否正确呢？法律上对此又是怎么规定的呢？

[法律分析]

美美及其父母的想法是不正确的，该房产属于帅帅的个人财产。根据我国《最高人民法院关于适用〈中华人民共和国民法典〉婚姻家庭编的解释（一）》第二十九条的规定，虽然该房屋是在两人婚后购买的，但是由一方（帅帅）父母出资且登记在出资人子女（帅帅）的名下，所以，该房屋视为帅帅父母对帅帅个人的赠与，该房产属于帅帅的个人财产。

[案例拓展]

《最高人民法院关于适用〈中华人民共和国民法典〉婚姻家庭编的解释（一）》第二十九条规定："当事人结婚后，父母为双方购置房屋出资的，依照约定处理；没有约定或者约定不明确的，按照民法典第一千零六十二条第一款第四项规定的原则处理。"

假设房子是美美和帅帅的父母双方出资购买，则二人就可按照出资的比例按份共有该房产。比如，帅帅父母出资五十万，美美父母出资十万，那么该房产的所有权则由帅帅和美美按照五比一的比例按份共有。另外，法律还规定了例外情况，即双方当事人不一定按照出资比例拥有此房产，双方可对房产所有权或者如何分配自行约定，达成一致即可。

问题4：
一方私自将夫妻的共有房屋出售，另一方应该怎么办？

[案例]

美美与帅帅经人介绍相识，经过一段时间相处后，帅帅觉得美美脾气好，工作也稳定，于是主动向美美提出了求婚。美美觉得帅帅这段时间对自己也不错，便答应了。不久后，帅帅和美美办理了结婚登记。婚后两人共同支付全部房款购买了一套商品房，但是仅登记在帅帅一人名下。不久后，帅帅的朋友急需用钱来找帅帅借钱。帅帅怕美美不同意借钱会伤了兄弟间的情感，可自己现在没有那么多钱，于是帅帅便在美美不知情的情况下私自将该房屋卖给了小帅，并与小帅签订了房屋买卖合同。小帅依约支付了全部购房款，并办理了产权过户手续。帅帅拿到钱后立马借给了自己的朋友，朋友对帅帅卖房一事并不知情。之后，小帅正准备搬进房屋居住时，遇到了美美，美美称自己是帅帅的妻子。她告知小帅，该房屋系二人婚后购买，属于夫妻共同财产，帅帅无权处分，要求小帅返还该房屋。

[法律问题]

美美有权要回帅帅出售给小帅的房屋吗？

[法律分析]

根据我国相关法律规定，美美无权要求小帅返还其夫妻共有的房屋。《中华人民共和国民法典》第一千零六十二条第二款明确规定："夫妻对共同财产，有平等的处理权。"第一千零六十条规定："夫妻一方因家庭日常生活需要而实施的民事法律行为，对夫妻双方发生效力，但是夫妻一方与相对人另有约定的除外。夫妻之间对一方可以实施的民事法律行为范围的限制，不得对抗善意相对人。"所谓"平等的处理权"一般可理解为：（1）夫或妻在处理夫妻共同财产上的权利是平等的。因日常生活需要而处理夫妻共同财产的，任何一方均有权决定。（2）夫或妻非因日常生活需要对夫妻共同财产作重要处理决定，夫妻双方应当平等协商，达成一致意见。他人有理由相信其为夫妻双方共同意思表示的，另一方不得以不同意或不知道为由对抗善意第三人。《最高人民法院关于适用〈中华人民共和国民法典〉婚姻家庭编的解释（一）》第二十八条规定："一方未经另一方同意出售夫妻共同所有的房屋，第三人善意购买、支付合理对价并已办理不动产登记，另一方主张追回该房屋的，人民法院不予支持。夫妻一方擅自处分共同所有的房屋造成另一方损失，离婚时另一方请求赔偿损失的，人民法院应予支持。"那么，什么是善意取得呢？善意取得又称为即时取得，无处分权人将其占有的财物（动产或者不动产）转让给第三人时，如受让人在取得该财物时系出于善意，则受让人取得该财物的所有权，原权利人丧失所有权。根据《中华人民共和国民法典》第三百一十一条之规定，善意取得必须满足三个要件：（1）受让人受让该不动产或者动产时是善意；（2）以合理的价格转让；（3）转让的不动产或者动产依照法律规定应当登记的已经登记，不需要登记的已经交付给受让人。可见，第三人善意取得夫妻共有的房屋是有条件的。因此，购房人最好要求出卖人出具其配偶委托出卖人代为办理交易手续的委托书或者同意出售房屋的书面声明，以保证交易的安全。否则，如果在过户前出现纠纷，无法取得房屋所有权，追回房款就存在巨大的风险；而只有房屋办理了过户登记，购房人才有可能根据善意取得制度获得房屋所有权。案例中，帅帅虽然是无处分权人，擅自出售了其与美美夫妻二人共有的房屋，但是第三人小帅已经善意取得了该房屋，根据法律规定，美美无权要求善意第三人小帅归还该房屋。但法律也赋予了美美损害赔偿请求权，即帅帅擅自处分共有的房屋给美美造成的损失，美美可以在离婚时向帅帅主张损害赔偿。

[案例拓展]

一方转移夫妻共有房屋的预防和救济

（一）房屋权利人登记为夫妻双方的情形

配偶一方擅自转让共有房屋的案件多发生于房屋登记在夫妻一方名下的情形。买受人基于信赖房产登记簿上的公示效力，会认可出卖人具有完全的处分权。但若房屋登记在双方名下，买受人应尽注意义务，了解出卖双方是否对出卖房屋达成一致意见，否则难以认定买受人为善意。

（二）异议登记

若夫妻关系恶化，为防止一方恶意转移财产，可以向房地产交易中心申请对该房屋进行异议登记。根据《中华人民共和国民法典》的有关规定，异议登记是利害关系人对不动产登记簿记载的事项提出异议并记入登记簿的行为。异议登记后，第三人不得主张基于登记而产生的公信力。但是法律规定要求申请人在异议登记之日起十五日内起诉，若不起诉，则异议登记失效。

（三）未登记为房屋权利人的一方向法院提起共有物确认之诉

未登记为房屋权利人的一方可以向法院提起共有物确认之诉，要求将自己列为房屋共有人。多数法院的观点认为，夫妻之间可以存在多种财产共有形式，法律上也没有依据排斥夫妻一方作为共有权利人主张共有权利，即未记载产权登记的配偶一方可向法院提起确认共有的诉讼。

（四）一方擅自出售共有房屋后的救济

一方擅自转让共有房屋且法院判决该转让有效的情形下，配偶一方可以通过以下两种方式救济：一是在婚姻关系存续期间提出分割。配偶一方在房屋被转让后，可以立刻启动夫妻关系存续期间的财产分割程序，降低损失。二是在离婚诉讼中，要求赔偿。根据

《中华人民共和国民法典》第一千零九十二条的规定，一方变卖夫妻共同财产的，在离婚分割夫妻共同财产时，对该方可以少分或者不分。另外，根据《最高人民法院关于适用〈中华人民共和国民法典〉婚姻家庭编的解释（一）》第二十八条的规定，夫妻一方擅自处分共同所有的房屋造成另一方损失，离婚时另一方可请求赔偿损失。

问题5：
离婚时，男方有权要求返还彩礼吗？

[案例]

　　美美和帅帅在一次社交活动中相识，两人一见如故，聊得十分投机，没过多久便确立了男女朋友关系。还不到一个月，两人便有了结婚的打算，随后去见了双方家长。双方父母也觉得两人非常合适，希望他们早日结婚。按照当地的习俗，在结婚前，男方父母需要送给女方一份彩礼，以表示对女方的肯定。所以帅帅的父母为美美准备了一份彩礼，并在婚礼前交给了美美。美美和帅帅因为自身原因一直没有去办理结婚登记手续。在婚礼结束后，两个人就生活在了一起。

但是婚后的生活并没有想象中那么甜蜜，两人很快被生活琐事击垮，加上两个人对彼此的了解不够充分，引发了很多的冲突和矛盾。帅帅和美美开始意识到两个人并不合适，希望好聚好散。由于两人并没有进行结婚登记，也没有孩子，两人觉得把财产问题解决好就行。但是在分割财产时，帅帅要求美美返还其父母送给她的彩礼。美美认为，彩礼是基于帅帅的父母对自己认可，交给自己就属于个人财产，况且两个人生活了一段时间，没有再要回去的理由。两人争执不下，帅帅便起诉到人民法院。法院经过审理，判决美美返还帅帅的父母支付的彩礼钱。

[法律问题]

法院的判决是否有法律依据呢？

[法律分析]

　　根据《最高人民法院关于适用〈中华人民共和国民法典〉婚姻家庭编的解释（一）》第五条的规定，如果双方没有办理结婚登记手续，那么男方请求女方返还按照习俗给付的彩礼时，人民法院应当予以支持。彩礼是一方给付给对方的，是以结婚为目的的。如果后来婚姻关系没能成立，彩礼一般是要返还的。案例中，人民法院判决美美返还帅帅的父母支付的彩礼便是根据此项法律规定。美美和帅帅并没有办理结婚登记手续，按照法律规定，如果帅帅要求美美返还彩礼，美美就应当如数返还。

　　在认定彩礼时必须根据以下几个条件进行判断：首先，彩礼必须是以订立婚约为前提条件；其次，彩礼必须是基于当地的风俗习惯而给付的；最后，彩礼必须是价值较大的财物。彩礼给付，一般从法律性质上定性为附条件的赠与，而明确彩礼返还的请求权基础，一般认为是基于"不当得利"而产生。

[案例拓展]

《最高人民法院关于适用〈中华人民共和国民法典〉婚姻家庭编的解释（一）》第五条规定："当事人请求返还按照习俗给付的彩礼的，如果查明属于以下情形，人民法院应当予以支持：（一）双方未办理结婚登记手续；（二）双方办理结婚登记手续但确未共同生活；（三）婚前给付并导致给付人生活困难。适用前款第二项、第三项的规定，应当以双方离婚为条件。"也就是说，如果双方已经办理了结婚登记手续，但是在离婚的前提下，男方还是可以请求女方返还彩礼的。分别有两种情况：一是双方办理结婚登记手续但确实没有共同生活在一起的。这种情况是因为两人虽然有了法律上的婚姻关系，但是事实上二人并没有进行共同生活。二是婚前给付并导致给付人生活困难的。这种情况的规定体现了对给付人的关怀，是为了保障给付人的生活。

问题6：
夫妻共同财产包括住房公积金吗？

[案例]

　　美美和帅帅已经是过了大半辈子的夫妻了。当初他们是经
人介绍认识的，可自从结婚后他们便是三天一大吵，两天一小
吵。要不是因为有一个儿子小帅，他们可能真的早就离婚了。
这一年，小帅和自己的女朋友登记结婚了。婚后小帅的妻子无
法忍受公公婆婆成天的争吵，小帅和妻子便商议搬出去过日
子。一天，美美和帅帅又因为一点事起了争执，帅帅盛怒之下
将美美推倒了。美美便向帅帅提出了离婚，帅帅也一口答应
了。可是两人在分割财产上出现了分歧。美美要求将帅帅的住

房公积金进行分割，帅帅不同意。无奈，美美向当地人民法院提起诉讼，请求法院对帅帅的住房公积金进行分割。

[法律问题]

住房公积金到底属不属于夫妻共同财产，能不能分割呢？

[法律分析]

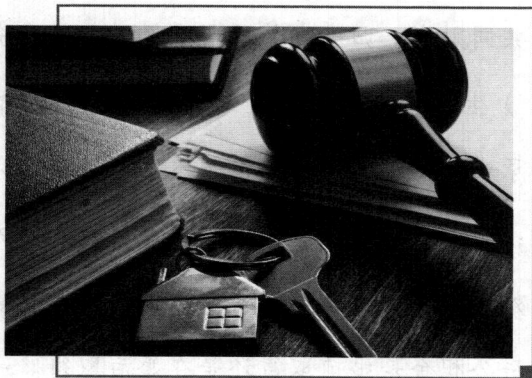

《最高人民法院关于适用〈中华人民共和国民法典〉婚姻家庭编的解释（一）》第二十五条规定："婚姻关系存续期间，下列财产属于民法典第一千零六十二条规定的'其他应当归共同所有的

财产'：（一）一方以个人财产投资取得的收益；（二）男女双方实际取得或者应当取得的住房补贴、住房公积金；（三）男女双方实际取得或者应当取得的基本养老金、破产安置补偿费。"由此可见，夫妻一方的住房公积金应属于夫妻共同财产。案例中，美美可以要求将帅帅的住房公积金作为夫妻共同财产进行分割。

[案例拓展]

何为夫妻共同财产？《中华人民共和国民法典》第一千零六十二条有明确的规定："夫妻在婚姻关系存续期间所得的下列财产，为夫妻的共同财产，归夫妻共同所有：（一）工资、奖金、劳务报酬；（二）生产、经营、投资的收益；（三）知识产权的收益；（四）继承或者受赠的财产，但是本法第一千零六十三条第三项规定的除外；（五）其他应当归共同所有的财产。夫妻对共同财产，有平等的处理权。"判断住房公积金是否属于夫妻共同财产，关键在于该住房公积金是婚前取得还是在婚后取得。一般来说，婚前取得的住房公积金属于个人婚前财产，不是夫妻共同财产，离婚时不得对该部分进行分割；而婚姻关系存续期间取得的住房公积金则属于夫妻共同财产，离婚时可以进行分割。

问题7：
夫妻一方得到的赔偿属于夫妻共同财产吗？

[**案例**]

　　帅帅与美美已经结婚八年了，夫妻二人一直恩爱有加。去年，妻子美美遭遇了一场意外事故。一天傍晚，夫妻二人像往常一样在小区遛弯儿，就在二人要回家的时候，忽然从一幢楼的二楼阳台上掉下来一个花盆，正好砸在妻子美美的头上，致使美美头部轻微破裂，并伴随有轻微脑震荡。经过协商，美美获得了花盆掉落人家赔偿的医疗费、护理费等共计三万元的费用。由于夫妻的存款一直够花，这笔钱便也一直没有动过。最近，帅帅认识了一个朋友，朋友拉帅帅和他一起做生意。帅帅十分动心，认为一定有利可赚，可是帅帅资金不够，想要使用妻子被花盆砸到而获得的三万元赔偿金。但是帅帅的妻子美美却并不认为这门生意有利可图，不同意帅帅使用这笔钱。帅帅认为，虽然这笔钱是妻子受伤获得的赔款，但是仍然是夫妻共同财产，自己有处分的权利。但是美美却认为，这笔钱是因为自己遭受了人身伤害而获得的赔偿金，自己如果不同意的话，丈夫是没有权利处分这笔款项的，因为这是属于自己个人的财产。夫妻二人争执不下。

[法律问题]

案例中，妻子受到人身伤害而获得的赔偿金，是不是夫妻共同财产，丈夫有没有处分的权利呢？

[法律分析]

根据《中华人民共和国民法典》第一千零六十三条的规定，一方因受到人身损害获得的赔偿或者补偿为夫妻一方的个人财产。

案例中，美美获得的赔偿是由于其身体受到伤害而获得的损害赔偿金。法律之所以规定这种情形是因为这种因人身受到侵害所获得的损害赔偿金，具有严格的人身性质，是用于保障被侵害人生活的基本费用，因此只属于一方财产，而不能作为夫妻共同财产进行分割。所以，在美美不同意的情况下，帅帅是没有权利对美美获得的损害赔偿金进行处分的。

[案例拓展]

《中华人民共和国民法典》第一千零六十三条规定："下列财产为夫妻一方的个人财产：（一）一方的婚前财产；（二）一方因受到人身损害获得的赔偿或补偿；（三）遗嘱或者赠与合同中确定只归一方的财产；（四）一方专用的生活用品；（五）其他应当归一方的财产。"法律之所以规定这几种情形下的财产只属于夫妻一方所有，是因为这几种财产都具有一定的特殊性。婚前财产是一方在婚前取得的财产，与对方关系不大；第二种则与人身有密切关系；第三种是第三人明确表示只给其中一方的；第四种是属于一方专用的。

看了就能懂的
法律常识
婚姻家庭
KANLE JIU NENG DONG DE
FALU CHANGSHI
HUNYIN JIATING

问题8：
妻子有外遇，丈夫对其殴打，离婚时
丈夫可以请求损害赔偿吗？

[案例]

帅帅和美美自由恋爱两年，于2018年5月20日到民政局领取了结婚证，并于5月21日举行了结婚典礼。帅帅和美美婚后感情一直很好，美美于2019年10月10日生下了女儿小美。小美出生后，帅帅非常高兴，对美美更加关心爱护。2020年年底，美美通过手机摇一摇认识了刚刚，二人有共同的爱好、兴趣，美美将刚刚当成自己的蓝颜知己，有什么不开心的事都会告诉他。后刚刚提出见面，美美欣然答应，二人见面后对对方都非常满意。刚刚在某小区租了一套两室一厅的房屋，美美经常到该房与刚刚约会，双方还以"老公""老婆"互称，周围的邻居都以为二人是夫妻。帅帅一开始并不知道美美与刚刚的事，后来听到别人议论，才从美美的手机上发现了美美与刚刚的短信。2021年3月4日，帅帅跟踪美美找到了刚刚租住的房屋。美美辩称自己与刚刚是清白的。帅帅看到房中悬挂的美美与刚刚的婚纱照，气血上涌，对美美进行殴打。美美随后报警，经鉴定美美所受之伤为轻微伤。随后，帅帅向人民法院提起离婚诉讼，请求法院判令其与美美离婚，并要求美美支付离婚损害赔偿。

[法律问题]

案例中，帅帅要求美美支付离婚损害赔偿的请求可以得到法院的支持吗？

[法律分析]

《中华人民共和国民法典》第一千零九十一条规定："有下列情形之一，导致离婚的，无过错方有权请求损害赔偿：（一）重婚；（二）与他人同居；（三）实施家庭暴力；（四）虐待、遗弃家庭成员；（五）有其他重大过错。"由此可知，仅无过错方有权提出离婚损害赔偿，当夫妻双方均有过错时，法院不会支持任何一方提起的损害赔偿请求。

案例中，帅帅的妻子美美与异性刚刚之间有不正当的男女关系，其行为对帅帅造成了伤害，从这个角度来看，帅帅是无过错方，根据《中华人民共和国民法典》第一千零九十一条的规定，可以提出离婚损害赔偿的请求。但是，帅帅发现美美的行为后，对其进行殴打的行为又对美美造成了伤害，属于对妻子实施了家庭暴力，因此，帅帅又是过错方。根据上述法律规定，帅帅提出的离婚损害赔偿的请求得不到法院的支持。

[案例拓展]

构成损害赔偿的情形

（一）重婚

重婚包括法律上的重婚和事实上的重婚两种情形。法律上的重婚，是指尚未解除婚姻关系，又与他人登记结婚的；事实上的重婚，是指尚未解除婚姻关系又与他人以夫妻名义生活形成事实上的婚姻关系。有配偶的人与他人以夫妻名义同居生活的，或者明知他人有配偶而与之以夫妻名义同居生活的，若符合重婚罪的要件应按重婚罪定罪量刑。《中华人民共和国刑法》第二百五十八条规定了重婚罪的刑事责任。应注意的是，司法实践中，对于事实上的重婚行为取证难度相对较大，主要取证要点有二：（1）证明连续共同居住一段时间的持续性。一般来说，法律对构成重婚的男女双方同居的时间要求有一定的连续性和持续性。（2）证明以夫妻形式共同生活的外在表现性。实践中表现的重婚行为往往具有一定的隐蔽性，一般不会公开以夫妻名义共同生活，大部分均是外在表现让周围群众以为是夫妻关系。

认定重婚，关键是看是否构成另一夫妻关系。实践中，有以下情形之一的，可以向法院主张对方存在"以夫妻名义共同生活"：（1）有配偶的人与他人举行结婚仪式的；（2）有配偶的人虽未与

看了就能懂的
法律常识
婚姻家庭
KANLE JIU NENG DONG DE
FALU CHANGSHI
HUNYIN JIATING

他人举行结婚仪式，但以夫妻相称或者对外以夫妻自居。以夫妻相称，除当事人间承认日常生活中的称呼外，当事人同居生活期间，一方生病时另一方以配偶的名义签名、陪侍，或女方生育孩子，男方以父亲的名义在医院签字等，也可以作为认定以夫妻相称的辅助证据。

（二）同居

《最高人民法院关于适用〈中华人民共和国民法典〉婚姻家庭编的解释（一）》第七条规定，以1994年2月1日作为区分事实婚姻关系和同居关系的时间点。同时将有配偶者与他人同居限定在有配偶者与婚外异性对外不以夫妻名义相称，与事实婚姻、重婚等相区别。对于同居的认定，该解释从双方关系的稳定性、持续性及共同居住生活等方面进行了规定，与应由道德规范调整的通奸、婚外恋等行为相区别。

实践中，有配偶者与他人同居行为有以下四个特点：第一，同居双方有固定住所；第二，双方保持较为稳定的性关系；第三，双方持续较长时间共同生活；第四，双方没有以夫妻名义共同生活。

（三）家庭暴力

《中华人民共和国反家庭暴力法》第二条明确定义了《中华人民共和国民法典》中所称的家庭暴力。对家庭暴力可以从以下三个方面进行理解：第一，实施家庭暴力行为的主体范围。对家庭暴力的认定并不单指夫妻之间的暴力，还包括对子女等其他家庭成员实施的暴力，包括具有亲属身份关系并且在一起共同居住生活的人员。第二，家庭暴力的表现形式为殴打、捆绑、残害、限制人身自由以及经常性谩骂、恐吓等方式，暴力行为具有复杂多样性。第三，家庭暴力的构成要件。行为人实施的家庭暴力给其家庭成员的身体、精神等方面造成一定的伤害后果，并且达到了一定程度。应当注意的是，造成一定伤害后果，不能机械地理解为一次性的伤害后果。伤害后果包括受害人身体上显而易见的伤痕等，也包括长期遭受精神折磨造成的心理健康损害。是否构成家庭暴力，应当以加害一方的暴力行为是否已成为一种行为模式为认定标准。

（四）虐待、遗弃

不同于家庭暴力，虐待的性质和危害程度要比一般的家庭暴力更为严重。《最高人民法院关于适用〈中华人民共和国民法典〉婚姻家庭编的解释（一）》第一条规定："持续性、经常性的家庭暴力，可以认定为……所称的'虐待'。"可见，法规从行为的持续时间、实施频率方面对家庭暴力和虐待作出了区别规定。虐待是指发生在家庭成员之间，以殴打、捆绑、残害身体、禁闭、冻饿、凌辱人格、精神恐吓、性暴虐等手段，对家庭成员从肉体上、精神上进行伤害、摧残、折磨的行为。虐待家庭成员，情节恶劣的，即构成虐待罪。遗弃，是指对于年老、年幼、患病或其他没有独立生活

看了就能懂的
法律常识
婚姻家庭

KANLE JIU NENG DONG DE
FALÜ CHANGSHI
HUNYIN JIATING

能力的人，负有扶养义务的人不履行其义务的行为。家庭成员间的遗弃，主要包括子女不履行赡养义务而遗弃老人，父母不履行抚养义务而遗弃子女，丈夫不履行扶养义务而遗弃妻子等行为。遗弃家庭成员情节恶劣的，构成遗弃罪的，根据《中华人民共和国刑法》第二百六十一条的规定，应当承担刑事责任。

问题9：
丈夫瞒着妻子赠与他人数额较大的金钱后，妻子有权要回吗？

[案例]

帅帅自小生长在农村，家境贫寒。长大后的他奋发图强，成为某外企的部门经理，并且与大学时的恋人美美结婚。婚后，帅帅瞒着妻子美美偷偷给了弟弟小帅三十万元，让小帅盖房子、娶媳妇，并为小帅安排了工作。美美意外得知此事后，非常生气，称自己不知晓此事，想将三十万元要回。

[法律问题]

美美能将这笔钱要回吗？

[法律分析]

根据《中华人民共和国民法典》第一千零六十二条的规定可知，帅帅与美美作为夫妻，对他们共同共有的财产有平等的处理权。也就是说，夫或妻在处理夫妻共同财产上的权利是平等的。因日常生活需要而处理夫妻共同财产的，任何一方均有权决定。如果夫或妻非因日常生活需要对夫妻共同财产作重要处理决定，夫妻双方应当在平等协商的基础上达成一致意见。但是，夫妻间对一方可以实施的民事法律行为范围的限制，不能对抗善意相对人。帅帅偷偷给弟弟的三十万元，是让弟弟盖房子、结婚用的，弟弟是知情的。在这种情况下，法律即认定帅帅擅自处分夫妻共同财产的行为侵犯了共有人美美的合法权益，帅帅对弟弟的赠与行为无效。所以，美美是可以将这三十万元要回的。

[案例拓展]

夫妻一方因家庭日常生活需要而实施的民事法律行为，对夫妻双方发生效力，但是夫妻一方与相对人另有约定的除外。夫妻对共同所有的财产，有平等的处理权。非因日常生活需要处分夫妻共同财产需夫妻双方协商一致。一方擅自处分之后，另一方无法对抗有理由相信其为夫妻双方共同意思表示的善意第三人，但可以对抗知情第三人。

在现实生活中，婚前购房现象并不罕见，婚前以结婚为目的的购房争议主要有以下几种情形：

（一）恋爱期间一方出资、产权登记在另一方名下

恋爱期间以结婚为目的购房，一方支付全部首付款，房屋产权登记在另一方名下，并以另一方名义办理贷款。后双方未结婚即分手，如何分割该房屋？此种情况，应结合案件实际情况，从当事人

出资购房的真实意愿的角度以及是否达成合意的结果等综合因素酌情判断房产归属。比如上海市高级人民法院民一庭在调研后认为，根据案件查明事实，可以确认尽管房屋产权登记在一方名下，但恋爱双方有以结婚为目的共同购房的意思表示的，宜认定为共同财产，并根据双方的贡献大小对房产进行分割。

（二）恋爱期间双方出资、产权登记在双方名下的处理

对于恋爱期间为了结婚而共同购房，产权登记为双方名下的情形，如果没有按份共有的特别约定，一般认定为共同共有。双方终止恋爱关系后分割共有财产，符合《中华人民共和国民法典》关于"共同共有人在共有的基础丧失或者有重大理由需要分割时可以请求分割"的情形。综合考虑双方的出资情况、房屋增值、贬损等因素，应当由取得房屋的一方给予另一方合理的房屋折价补偿款。

问题10：

婚姻关系存续期间，夫妻一方请求分割共同财产的，人民法院应予支持吗？

[案例]

2014年8月份，美美家的一块承包地被国家征收，美美得到了三十万元补偿款。美美思前想后，决定用这笔钱将家里的房子翻建一下，多盖一些小间的平房用于出租。美美和丈夫帅帅商量了一下，丈夫也同意美美的想法。之后，美美申请了房屋翻盖手续，找工程队开始建房。美美在自己家的前院建了八小间平房用于出租，在后院建了宽敞的四间平房用于自己居住。因为美美所居住的村落在市郊，租房的人非常多，美美的八间房屋很快就租了出去。美美每月可收取租金近三千元，再加上美美和丈夫的工资，家庭每月收入近八千元。

　　有人看到帅帅家里的生活越来越好，就开始找帅帅去赌博。帅帅一开始并不参与，只是去观看，后来就想自己碰碰运气，结果一发不可收，不仅将每月的房租都输进去了，也没心思工作了，每天就赖在赌桌上。美美多次劝阻帅帅不要赌博了，但是帅帅前脚答应得好好的，后脚就又去赌博。美美本想和丈夫离婚，但想到之前两人感情非常好，帅帅现在是被赌博迷住了心窍，迟早会改过自新的。美美想，不能眼看着帅帅将房租都拿去赌博。于是，她就去法院起诉，想让法院将这八间出租房分割，这样至少自己可以保住一半的房租。

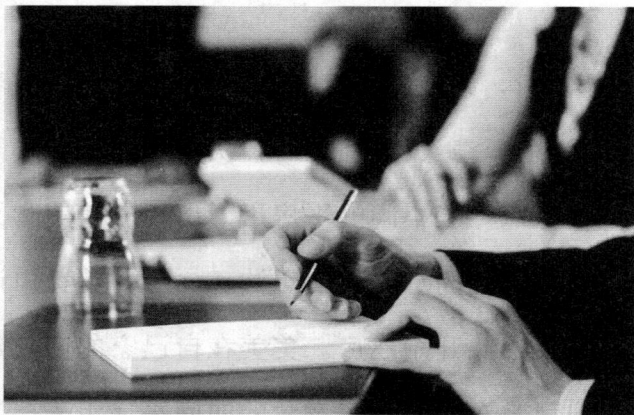

[法律问题]

美美能在与帅帅的婚姻存续期间向法院起诉要求分割出租房吗？

[法律分析]

《中华人民共和国民法典》第一千零六十六条明确规定了在法定情形出现后，夫妻一方在婚姻存续期间可以请求分割共同财产。法定情形包括：一、一方有隐藏、转移、变卖、毁损、挥霍夫妻共同财产或者伪造夫妻共同债务等严重损害夫妻共同财产利益的行为；二、一方负有法定扶养义务的人患重大疾病需要医治，另一方不同意支付相关医疗费用。案例中，美美的丈夫用夫妻共同财产（即房屋租金）去赌博，属于挥霍夫妻共同财产的行为，美美可以在婚姻关系存续期间向人民法院请求分割出租房。

第四章
与抚养、收养和赡养有关的法律知识

问题1：
夫妻离婚后，还能变更孩子的抚养权吗？

[案例]

帅帅和美美是高中同学，后来两人考取了不同的大学。然而大学毕业后的第二年，两人又因工作原因再次相遇。两人经过深入了解，确定了恋爱关系，随后就结婚了。婚后，夫妻两人的感情还不错，日常生活、工作中他们互相帮助、共同进步。

婚后第三年，美美怀孕了，十月怀胎生了一个女儿。但是孩子的降生不但没有加深夫妻的感情，反而让原本感情很好的两个人恶语相向。原来，孩子出生后，美美经常忙得手脚并用，除了上班就是照顾孩子，而帅帅还是像孩子没有出生时一样，天天不是去酒吧，就是回到家玩游戏。美美多次提醒帅帅应该帮自己分担一些家务，照顾一下孩子，帅帅总是嘴上满口答应，实际却是表里不一，每次照看孩子不超过十分钟就会发火，不耐烦地把孩子丢在一边。无奈，美美向帅帅提出离婚，正好帅帅也天天被这些琐事弄得焦头烂额，甚至怀疑自己结婚就是个错误，随即答应了。两人离婚后，美美取得了孩子的抚养权，帅帅每月支付一定的抚养费。但离婚没多久，美美被检查出癌症晚期，身体状况非常不好，就想和帅帅商量变更一下孩子的抚养权问题。谁料帅帅以自己工作忙无暇照顾孩子为由，拒绝了美美的提议。为了孩子，美美遂向法院申请变更孩子的抚养权，把孩子交与帅帅抚养。法院经过审理认为，美美的身体状况已经不再适合抚养孩子，依法支持了美美的诉讼请求。

[法律问题]

夫妻离婚后，还能变更孩子的抚养权吗？

[法律分析]

依据我国法律的相关规定，夫妻离婚后，孩子的抚养权是可以变更的。因为在确定离婚子女的抚养权归属时，遵循的原则是"有利于子女的身心健康，有利于子女的健康成长，保障子女的合法权益"。离婚后，一旦抚养孩子的一方出现不能履行抚养义务或不能给孩子带来良好生活和教育环境的情形，另一方可以依法要求变更孩子的抚养权，以确保孩子健康成长和受到良好教育。

对此，《最高人民法院关于适用〈中华人民共和国民法典〉婚姻家庭编的解释（一）》第五十六条明确规定了几种法定变更子女抚养关系的事由，其中抚养子女一方因患严重疾病无力继续抚养就是法定情形之一。除此之外，该法第五十七条还规定，父母双方可以协议变更子女抚养关系。案例中，法院支持美美请求的做法是符合法律规定的。美美属于与子女共同生活的一方，因患严重疾病无力继续抚养子女。法院依照当事人的诉讼请求，对抚养关系予以变更，这与我国以保护子女合法权益确定抚养权原则是相对应的。案例中，美美的身体状况已经不能再继续抚养孩子，而帅帅对子女的抚养监护义务不因和美美离婚而消失，法院应依法支持美美的诉讼请求。

[案例拓展]

夫妻离婚后，一方要求变更子女抚养关系的，或者子女要求增加抚育费的，应另行起诉。一方要求变更子女抚养关系有下列情形之一的，人民法院应予支持：（1）与子女共同生活的一方因患严重疾病或者因伤残无力继续抚养子女；（2）与子女共同生活的一方不尽抚养义务或有虐待子女行为，或者其与子女共同生活对子女身心健康确有不利影响；（3）已满八周岁的子女，愿随另一方生活，该方又有抚养能力；（4）有其他正当理由需要变更。父母双方协议变更子女抚养关系的，人民法院应予支持。另外，父母与子女间的关系，不因父母离婚而消除。离婚后，子女无论由父或母直接抚养，仍是父母双方的子女。离婚后，父母对于子女仍有抚养和教育的权利和义务。

问题2：
抚养孩子的一方有权请求另一方支付抚养费吗？金额如何确定？

[案例]

帅帅和美美是经人介绍相识的，由于婚前两人对彼此了解较少，婚后经常因为一些鸡毛蒜皮的事情吵闹。儿子小帅出生后，美美为了照顾孩子就辞职在家做起了全职太太。美美辞职后，一心扑在了孩子身上，夫妻二人的交流就越来越少，除了在孩子的问题上还能说两句，渐渐地也就没有什么话可说了。

一次偶然的机会，帅帅认识了离异的小美，帅帅在小美身上感受到了女人特有的温柔和善解人意，再加上家中的气氛让他很压抑，帅帅的这场婚外情就迅速发展了起来。帅帅有婚外情的事情暴露时，小帅才四岁，美美虽然感到万念俱灰，但是看看年幼的儿子，为了能够给儿子一个完整的家，美美原谅了帅帅。两人没有离婚，而是选择继续生活在一起。但美美和帅帅争吵的频率也越来越高。原先两人吵架还避着小帅，后来发展到当着孩子的面动起手来，小帅经常被吓得哇哇大哭。最后，帅帅觉得这样的婚姻维持下去没有任何意义，还有可能对小帅造成不可弥补的伤害，就提出了离婚。面对即将破碎的家庭，美美向帅帅提出了高额的抚养费，可是帅帅根本支付不起。经过几次协商都无法达成共识，最后两人闹到了法庭。法院经审理认为，父母双方离婚时，子女的抚育费数额可根据子女的实际需要、父母双方的负担能力和当地的实际生活水平确定，法院对美美向帅帅要求支付高额抚养费的诉求没有支持，而是判决帅帅每月支付的抚养费是他每月收入的百分之二十五。

[法律问题]

法院要求帅帅支付的抚养费是否合理?

[法律分析]

抚养费,是父母或其他对未成年人负有抚养义务的人,为未成年人承担的生活、教育等费用。我国法律上的抚养费,是指当这些人不能充分履行或不履行抚养义务时,支付给未成年人的费用。关于离婚子女抚养费数额问题,《最高人民法院关于适用〈中华人民共和国民法典〉婚姻家庭编的解释(一)》第四十九条明确规定:"抚养费的数额,可以根据子女的实际需要、父母双方的负担能力和当地的实际生活水平确定。有固定收入的,抚养费一般可以按其月总收入的百分之二十至三十的比例给付。负担两个以上子女抚养费的,比例可以适当提高,但一般不得超过月总收入的百分之五十。无固定收入的,抚养费的数额可依据当年总收入或者同行业平均收入,参照上述比例确定。有特殊情况的,可以适当提高或者降低上述比例。"由此可见,关于子女抚养费的具体数额,法律规定得比较灵活,针对父母有固定收入的和没有固定收入的情况,适用不同的标准。如果协商一致，抚养费可以由一方全部负担。当然，如果有证据显示承担全部抚养费的一方抚养能力明显不能保障子女所需费用，影响子女健康成长的，则不可以强制要求其承担全部抚养费。即使达成前述协议，如果过一段时间后，双方经济情况确有变化，子女的生活费和教育费确有增加或者给付的必要，一方仍可诉至法院，要求另一方承担抚养费。因此，小帅母亲的要求是得不到法院支持的，其父应根据法律相关规定、结合自己的实际情况支付小帅的抚养费。

[案例拓展]

我国目前的司法实践中，对于夫妻之间的扶养义务，应根据案件当事人的具体情况，结合当地的生活水平酌情处理，既要满足需要扶养一方的基本的生活需要和必要的其他开支，也需要结合当地的物质生产条件来确定生活费、医疗费等金额。确定具体数额时，可以考虑以下因素：（1）双方的经济能力；（2）双方在家庭内部的分工及对婚姻、家庭生活贡献的大小；（3）双方婚姻存续时间的长短；（4）双方当事人目前的健康状况；（5）如果已分居，则考虑双方分居前后的生活水平状况；（6）双方各自的受教育程度以及社会工作能力；（7）双方各自的社会经济负担；（8）双方发生纠纷是否一方存在过错；（9）双方是否存在约定，包括双方是否有婚前协议或婚内协议。不过，即使原有婚姻协议有排除扶养义务的约定，但因配偶之间相互扶助的义务乃法律之规定，该约定一般不能成为对抗扶养义务的依据；（10）扶养义务履行具有灵活性，在给付方式上，可以是给付钱款，也可以是提供居所或其他方式。如果是以钱款给付为主要方式，则可以是按期给付，也可以是一次性给付。

问题3：
兄、姐对失去双亲的弟、妹是否有扶养
义务？

[案例]

美美一家姐弟四人，父母早亡，姐弟四人相依为命。年长的大姐很早就参加工作，承担起扶养弟弟、妹妹的义务。后来，老二与老三见大姐很辛苦，便放弃学业也参加了工作，家中只有年幼的弟弟在校念书。于是，姐弟三人决定负担弟弟读书期间的学费及全部的生活费用。

[法律问题]

兄、姐对未成年的弟、妹有没有扶养义务?

[法律分析]

根据《中华人民共和国民法典》第一千零七十五条的规定,父母去世后,有负担能力的兄、姐对未成年的弟、妹有扶养的义务。社会上存在着兄弟姐妹之间没有扶养义务的误区,认为兄弟姐妹之间的扶养纠纷只是社会问题。其实,这不仅是社会问题,也是法律问题,受我国相关法律的调整。案例中,姐弟三人都已参加工作,有负担能力,因此对未成年的弟弟有扶养义务。

[案例拓展]

《中华人民共和国民法典》第一千零七十五条规定:"有负担能力的兄、姐,对于父母已经死亡或者父母无力抚养的未成年弟、妹,有扶养的义务。由兄、姐扶养长大的有负担能力的弟、妹,对

看了就能懂的
法律常识
婚姻家庭
KANLE JIU NENG DONG DE
FALÜ CHANGSHI
HUNYIN JIATING

于缺乏劳动能力又缺乏生活来源的兄、姐，有扶养的义务。"在父母已经死亡或无抚养能力的情况下，判断兄、姐，对弟、妹是否有扶养义务不能一概而论，要区分情形对待。在满足以下条件时，兄、姐对弟、妹有扶养义务：一是兄、姐已经成年，具有负担能力；二是父母已经死亡或者父母无力抚养；三是弟、妹尚未成年。反之，兄、姐对弟、妹无扶养义务。

问题4：
孩子符合什么条件时才能被收养？

　　美美今年三十五岁，结婚九年却一直没有生育。刚开始的时候，美美觉得自己还年轻，也不想年纪轻轻就被孩子拴住，想多玩两年，美美的丈夫帅帅也非常同意美美的想法。就这样，小两口过了几年甜蜜的二人世界生活。虽然年轻人不心急，但是美美和帅帅的父母都经常催促两人赶快生孩子，称趁着自己年轻可以帮助他们带带孩子，他们也可以安心工作。每次两人都像原先商量好的那样说还年轻，等两年再说。后来，美美觉得女人应该尽早生孩子，有利于身材恢复，所以就和帅帅商量要孩子的事情。帅帅一听说妻子想要孩子，举双手赞同，原来帅帅的父母这一段时间催得非常紧，他自己都快顶不住了，但是又不想美美委屈自己被迫生孩子，就没有和她说。现在美美主动提出生孩子，帅帅当然求之不得，就顺水推舟，积极配合美美备孕。但是，在美美和帅帅计划怀孕一年后，美美还是没有怀孕，两人只好去医院进行检查。医院检查结果显示美美患了不孕症，帅帅安慰美美可以收养孩子。夫妻俩回到家里说明事情的来龙去脉，并且说服老人接受领养孩子的决定。但是老人却提出疑问，什么样的孩子才能被收养？美美和帅帅只好到相关部门咨询关于收养孩子的规定，他们了解到只有丧失父母的孤儿、查找不到生父母的未成年人和生父母有特殊困难无力抚养的子女才可以被收养。而收养年满八周岁以上的未成年人的，应当征得被收养人的同意。了解了相关情况后，两人依据法律规定，就到福利机构收养了一个小女孩。

[法律问题]

孩子符合什么条件时才能被收养？

[**法律分析**]

《中华人民共和国民法典》第一千零九十三条规定："下列未成年人，可以被收养：（一）丧失父母的孤儿；（二）查找不到生父母的未成年人；（三）生父母有特殊困难无力抚养的子女。"我国对被收养人作如此规定也是有一定道理的，这样不仅有利于孩子的健康成长，还能加快孩子和养父母形成亲情关系的速度。因为丧失父母的孤儿，是无民事行为能力人或限制民事行为能力人，没有完全独立的生活能力，需要依附于有抚养能力的成年人。而查找不到亲生父母的未成年人，这类被收养人大多数是被亲生父母故意丢弃的，虽然亲生父母的行为是违法的，但是孩子是无辜的，应该得到更多人的关心和照顾，这类未成年人一般会被送到福利机构，但是此类机构能力有限，也代替不了家庭，所以我国鼓励有收养条件的人收养，且不受收养人有子女的限制。生父母有特殊困难无力抚养的子女的，一般是父母由于自身经济或身体等方面的因素，无法满足孩子的正常需求，而将孩子送养。案例中，美美夫妇收养的孩子应该具备上述的条件，才符合法律规定。应该注意的是，收养年满八周岁以上的未成年人的，应当征得被收养人的同意。另外，《中华人民共和国民法典》第一千零九十九条规定，收养三代以内旁系同辈血亲的子女，可以不受生父母有特殊困难无力抚养的子女可以被收养或无配偶者收养异性子女、收养人与被收养人年龄应当相差四十周岁以上的限制。

[案例拓展]

《中华人民共和国民法典》第一千零九十四条规定："下列个人、组织可以作送养人：（一）孤儿的监护人；（二）儿童福利机构；（三）有特殊困难无力抚养子女的生父母。"《中华人民共和国民法典》第一千一百零四条规定："收养人收养与送养人送养，应当双方自愿。收养八周岁以上未成年人的，应当征得被收养人的同意。"

问题5：
父亲瘫痪在床，儿女不闻不问属于违法吗？

[案例]

　　帅帅的妈妈在帅帅三岁那年去世了。帅帅的爸爸一个人既要上班又要照顾孩子，非常辛苦。帅帅到外地上大学后，帅帅的爸爸更是拼命工作为儿子挣学费。帅帅大学毕业后留在了外地，在当地一家外企工作。帅帅的爸爸本想到外地跟儿子一起生活，但是儿子没有自己的住房，一直在外租房住。帅帅的爸爸就想再工作几年，为儿子攒钱买房。五年后，帅帅在外地选中了一套两居室的商品房，用自己和父亲的积蓄缴纳了首付。帅帅的爸爸想，儿子买了房子了，还是两居室，自己可以和儿子一起住了，于是就向帅帅提出要到他居住的城市生活。帅帅却表示自己的工资还要还贷款，剩下的只够自己一个人的花费，父亲去了也是受苦，不如等自己生活条件好了，再接父亲过去。帅帅的爸爸觉得儿子说得有道理，自己在这边还可以工作，挣的钱可以帮助儿子还房贷。两年后，帅帅带着自己的女朋友回来探望帅帅的爸爸，并与他商量二人的婚事。帅帅的爸爸非常高兴，终于盼到儿子结婚了。帅帅结婚后与妻子一同在外地生活，很少回家探望帅帅的爸爸。帅帅的爸爸因年轻时吃苦受累，身体状况一直不太好，希望能到儿子的身边生活。但是帅帅一直未说要接爸爸到外地生活，帅帅的女儿出生后，帅帅也未接爸爸到家中看看孙女。帅帅的爸爸想着儿子和未曾见面的小孙女，经常以泪洗面。半年后，帅帅的爸爸在家晕倒，被前来串门的邻居发现并送到医院，医生诊断帅帅的爸爸是中风导致的半身瘫痪。帅帅得到医生通知后赶到医院，在得知爸爸的病情后，留下住院费就离开了医院。了解到帅帅的爸爸在医院无人照顾，帅帅的爸爸所在的居委会组织本小区居民轮流义务照顾帅帅的爸爸，直到帅帅的爸爸出院。帅帅的爸爸回家后，生活不能自理，需要很长时间的休养，就给帅帅打电话，帅帅表示自己没有时间照顾他，也没那么多钱给他看病，每个月只能给爸爸五百元钱。帅帅的爸爸躺在家中无人照顾，儿子给的五百元钱仅够生活费，根本没钱继续治病和找人看护。

[法律问题]

帅帅的爸爸该怎样维护自己的合法权益呢？

[法律分析]

父母为子女操劳一生，当他们步入晚年时，理应受到儿女的照顾。尤其是当父母生病卧床不起时，照顾父母更是儿女应尽的义务。这不仅是中华民族尊老、敬老的传统美德，也是当前和谐社会大力提倡的道德风尚，更是法律规定的义务。《中华人民共和国老年人权益保障法》第十五条规定："赡养人应当使患病的老年人及时得到治疗和护理；对经济困难的老年人，应当提供医疗费用。对生活不能自理的老年人，赡养人应当承担照料责任；不能亲自照料的，可以按照老年人的意愿委托他人或者养老机构等照料。"案例中，帅帅的爸爸身患疾病，生活不能自理，需要有人照顾日常起居。而儿子帅帅在其父亲住院期间既不陪护，也不找人看护，交了住院费就离开医院，将重病的父亲扔在医院不管不顾；在父亲回家休养期间，既不在身边照顾，也不支付医疗费用，仅给父亲每个月五百元生活费，根本不够父亲治病及日常生活的开销。帅帅的这种行为已经违反《中华人民共和国老年人权益保障法》第十五条的规定，帅帅的爸爸可以拿起法律的武器维护自身权益，向法院起诉要求帅帅支付赡养费、医疗费。如果帅帅的表现足够恶劣的话，还有可能构成遗弃罪。

[案例拓展]

《中华人民共和国老年人权益保障法》第七十六条规定："干涉老年人婚姻自由，对老年人负有赡养义务、扶养义务而拒绝赡养、扶养，虐待老年人或者对老年人实施家庭暴力的，由有关单位给予批评教育；构成违反治安管理行为的，依法给予治安管理处罚；构成犯罪的，依法追究刑事责任。"

问题6：
孙子女对老人是否有赡养的义务？

[案例]

帅帅的爸爸和妈妈结婚次年生下儿子帅帅，之后就再没有生育子女。帅帅初中毕业后就留在家随父母务农，刚到结婚年龄就与同村的美美结婚了，之后生下了小帅。帅帅夫妇为了改变生活条件，一起外出打工。不幸的是，三年后，二人在工地上班时出现事故意外死亡。帅帅夫妇死亡后，小帅就由小帅的爷爷和奶奶抚养。

小帅自小聪明伶俐，学习非常好，长大后还成了村里的第一个大学生。小帅的爷爷、奶奶为了供孙子小帅上大学，农忙时下地干活，农闲时做豆腐售卖。小帅大学毕业后告诉爷爷，其被一家外企录用，工资待遇都很好，他要留在城市工作、生活。村里人都说二老有福气，虽然没了儿子，但是有一个有出息的孙子，将来一定能享上孙子的福。但是小帅工作后从未给过爷爷、奶奶钱，只是逢年过节时会回家探望他们。二老觉得孙子在城市也不容易，从来没向孙子张口要过钱，仅靠几亩薄田维持着在农村的生活。

小帅的爷爷、奶奶年老后无法再下地种田，就将田地租了出去，租户每年给他们一些粮食抵偿租金。不久，小帅的爷爷患上了糖尿病。小帅的奶奶看着受病痛折磨的老伴，无奈之下就给小帅打电话，希望他能带着爷爷到医院好好治疗一下。小帅总是找各种理由推脱。村民委员会看到小帅的爷爷家的情况后，主动为小帅的爷爷办了低保。但是低保对于二老来说只是杯水车薪，二老实在没有办法了就又跟小帅联系，想让小帅为二人养老。但是小帅却说自己只是他们的孙子，不是儿子，没有义务为他们养老。

[法律问题]

小帅有义务赡养爷爷、奶奶吗？

[法律分析]

《中华人民共和国民法典》第一千零七十四条规定："有负担能力的祖父母、外祖父母，对于父母已经死亡或者父母无力抚养的未成年孙子女、外孙子女，有抚养的义务。有负担能力的孙子女、外孙子女，对于子女已经死亡或子女无力赡养的祖父母、外祖父母，有赡养的义务。"此条明确规定了孙子女对祖父母有赡养义务。祖父母和孙子女是隔代的直系血亲关系，在法定条件出现的情况下就形成了隔代赡养的关系。这种法定条件就是必须建立在被赡养人确实有困难，且孙子女有赡养能力的情况下，否则也不能成立隔代赡养关系。案例中，小帅失去父母时，两位老人有能力抚养小帅，因此承担起了抚养小帅的责任，将小帅抚养长大，并供小帅读完大学，此时双方的隔代抚养关系已经建立。而在小帅的爷爷、奶奶年老后，生活困难，无力支付医疗费用，此时的二老已经没有能力自养，而小帅在外企工作，工资待遇都非常好，是有能力赡养二老的，那么就应该履行赡养义务。小帅以其仅是孙子而不承担赡养义务的理由是不成立的。两位老人可以请求法院判决小帅履行赡养义务。

⚖ 问题7：

老人的监护人是谁？老人可以给自己指定监护人吗？

[案例]

帅帅曾任某大学教授，现已退休。其妻子前几年去世，去年帅帅在他人的介绍下与美美再婚。帅帅与前妻的两个子女早已经成家立业。自从帅帅的前妻去世后，子女们便很少来照顾帅帅的生活起居，这让帅帅非常失望。于是，帅帅与美美再婚后决定，指定美美为自己的监护人。当帅帅突发疾病卧床不起时，美美也就承担起了监护人的责任。帅帅的子女们得知此事后，对美美的监护人身份提出疑问，认为老人没有监护人，所以帅帅指定美美为监护人是不合法的。

[法律问题]

老年人有监护人吗？老年人可以给自己指定监护人吗？

[法律分析]

为了保障无民事行为能力人和限制民事行为能力人的人身和财产权益，我国设置了监护人制度。监护人的主要职责就是保护被监护人的人身、财产及其他合法权益，除为了被监护人的利益外，不得处理被监护人的财产。老年人是一个需要特殊保护的群体，为了能够更好地维护老年人的合法权益，《中华人民共和国老年人权益保障法》第二十六条规定："具备完全民事行为能力的老年人，可以在近亲属或者其他与自己关系密切、愿意承担监护责任的个人、组织中协商确定自己的监护人。监护人在老年人丧失或者部分丧失民事行为能力时，依法承担监护责任。老年人未事先确定监护人的，其丧失或者部分丧失民事行为能力时，依照有关法律的规定确定监护人"。由此可见，帅帅指定美美为自己的监护人是符合法律规定的，其子女的反对无效，美美可以行使其监护人的权利，履行监护人的义务。

问题8：
看望父母是子女的法定义务吗？

[案例]

李爷爷与张奶奶婚后生育了长子李某、次子李二某。二十年过去了，李爷爷的两个儿子都已长大成人。李某在上海工作生活，一年只能回家探望李爷爷、张奶奶一两次。李二某虽然与李爷爷同在一个城市，但是距离比较远，加上李二某工作也很忙，一个月也只是回家探望二老一次。李爷爷、张奶奶平时到小区里的公园里遛弯、跳舞打发时间，除此之外也无事可做，二老总感觉自己的生活中缺乏亲情和温暖。李二某结婚一年后生了儿子李小宝，但其与妻子都有工作，没有时间照顾李

看了就能懂的
法律常识
婚姻家庭
KANLE JIU NENG DONG DE
FALU CHANGSHI
HUNYIN JIATING

小宝，就同李爷爷商量将李小宝交给李爷爷、张奶奶照顾。李爷爷和张奶奶非常愿意照顾李小宝，于是在李小宝六个月时就将他接回了自己的家。李爷爷、张奶奶每天照顾小孙子非常辛苦，但是也非常开心，不再觉得孤单无聊了。一转眼李小宝三周岁了，到了上幼儿园的年龄，李二某跟李爷爷商量要将李小宝接回去。李爷爷和张奶奶非常舍不得跟小孙子分开，但为了孩子的成长，二老只能同意了。

李小宝被接走后，李爷爷、张奶奶又回到过去那种只有两个人的孤单生活中。几年过去了，李爷爷、张奶奶身体大不如前，非常希望儿子们经常回来看看自己。但是李某远在上海，李二某又总是推说工作忙，二老一年也见不到儿子几次，节假日时二老也总是孤孤单单的。看到邻居过节时儿孙环绕膝前，笑声不断，二老就非常羡慕。二老在楼下遛弯时听别的老人说国家已经将"常回家看看"写进法律了，二老想通过法律途径让儿子们常回家看看。

[法律问题]

案例中，两位老人能够通过法律途径让儿子们经常回家看望自己吗？

[法律分析]

随着物质生活水平的不断提高，一些有能力自养的老年人对儿女的赡养需求也在不断发生变化。老年人也是有精神需求的，他们更需要子女的精神慰藉。子女常回家看看，给予老年人精神关怀是作为子女应尽的义务，这是全社会的共识。《中华人民共和国老年人权益保障法》第十八条明确规定："家庭成员应当关心老年人的精神需求，不得忽视、冷落老年人。与老年人分开居住的家庭成员，应当经常看望或者问候老年人。用人单位应当按照国家有关规定保障赡养人探亲休假的权利。"由此可见，"常回家看看"不再停留在道德层面，它已经上升到法律层面了。

作为子女，"常回家看看"不仅是对孝敬父母传统道德的传承，更是履行法律规定的义务。老人对经常不回家探望自己的子女，经多次催促后仍不回家探望的，那就要拿起法律武器，凭借法律规定去维护自己的合法权益。案例中，李爷爷和张奶奶就可以根据《中华人民共和国老年人权益保障法》的规定向人民法院起诉，要求儿子们经常回家探望。

[案例拓展]

　　家庭成员应当关心老年人的精神需求，不得忽视、冷落老年人。与老年人分开居住的家庭成员，应当经常看望或者问候老年人。用人单位应当按照国家有关规定保障赡养人探亲休假的权利。

问题9:
父母可以随意处分孩子的存款吗?

[案例]

涛涛十岁时，父母因感情不和而离婚，随后涛涛一直和母亲生活在一起，父亲则每月定期向涛涛支付生活费。涛涛十二岁时，父亲往涛涛的银行账户中存入五万元，让涛涛留着上学用。涛涛母亲一直想自己开一家服装店，但苦于没有钱，于是便从涛涛的账户中将这五万元取了出来作为自己开服装店的资金。此事被涛涛的父亲知道后非常生气，要求涛涛母亲归还自己给儿子的存款。

[法律问题]

涛涛的母亲可以随意处分涛涛的存款吗？

[法律分析]

　　涛涛的母亲无权随意处分涛涛的存款。根据《中华人民共和国民法典》第二十七条第一款、第三十四条、第三十五条的规定，未成年人的父母是未成年人的监护人，监护人应当履行监护职责，保护被监护人的人身、财产及其他合法权益，除为了维护被监护人的利益外，不得处分被监护人的财产。

　　案例中，涛涛父亲的法定监护人身份不受婚姻关系的影响，他对涛涛同样具有监护权。而涛涛的母亲擅自支取涛涛存款的行为，不仅侵害了涛涛的合法权益，也侵犯了前夫的监护权，所以她应当归还前夫为涛涛准备的存款。

[案例拓展]

　　父母是未成年子女的监护人，监护人的职责是代理被监护人实施民事法律行为，保护被监护人的人身权利、财产权利以及其他合法权益等。因发生突发事件等紧急情况，监护人暂时无法履行监护职责，被监护人的生活处于无人照顾状态的，被监护人住所地的居民委员会、村民委员会或者民政部门应当为被监护人安排必要的生活照料措施。监护人应当按照最有利于被监护人的原则履行监护职责。监护人除为维护监护人利益外，不得处分被监护人的财产。监护是一项权利，更是一种义务。监护人不履行职责或侵害被监护人权益的，应承担赔偿责任；且其他有监护资格的人或单位可起诉追究其责任或撤销其资格。

问题10：
离婚后，一方有权不让另一方探望孩子吗？

[案例]

　　小丽通过朋友介绍认识了小涛，两人很快确立了恋爱关系。同居一个月后，双方办理了结婚登记手续。结婚后，双方才发现彼此了解很少，经常吵架。后来小丽生下了一个男孩，两人以为有了孩子感情会慢慢好转。然而有了孩子后事情多了，吵架的次数也更多了。直到孩子两岁时，两人因感情破裂办理了离婚手续。双方协议，离婚后孩子由小涛抚养，小丽表示同意。但每次小丽想要见孩子，小涛都千方百计地阻止，并对小丽称孩子是他们家的人，不允许小丽探视。

[法律问题]

小涛这样做合法吗？

[法律分析]

小涛不能阻止小丽探视孩子。根据我国有关法律规定，除了子女被其他人合法收养外，父母与子女的关系不会改变。案例中，虽然小涛与小丽离婚了，但是小丽与孩子的母子关系不会随着婚姻关系的结束而结束。作为孩子的母亲，小丽当然有权探望孩子，这是法律赋予她的权利，任何人不能剥夺。根据《中华人民共和国民法典》第一千零八十六条第一款的规定，离婚后，不直接抚养子女的父或者母，有探望子女的权利，另一方有协助的义务。因此，小涛不但不能阻止小丽探望孩子，还应当积极配合。除非小丽的探望会给孩子带来不利的影响，小丽探望孩子的权利才会被限制。根据《中华人民共和国民法典》第一千零八十六条第三款的规定，父或者母探望子女，不利于子女身心健康的，由人民法院依法中止探望；中止的事由消失后，应当恢复探望。也就是说，即使小丽的探望影响了孩子的正常生活和健康成长，小涛也必须向法院提出中止小丽探望的申请，而不能私自阻挠小丽与孩子见面。

问题11：
离婚后，未取得抚养权的一方就没有抚养义务了吗？

[案例]

小芳进城打工后认识了孟某。小芳长得漂亮，孟某对她一见钟情。在孟某的爱情攻势下，两人很快确定了恋爱关系。之后，小芳便和孟某同居，不久小芳发现自己怀孕了，要求和孟某结婚。孟某无奈之下与小芳结婚，但婚后第二年双方因感情不和协议离婚。离婚后，孩子由小芳抚养。孟某以离婚为由，拒绝再对孩子履行任何抚养义务。小芳遂向人民法院提起诉讼，要求孟某承担孩子的部分抚养费用。

[法律问题]

法院会支持小芳的诉讼请求吗？

[法律分析]

法院会支持小芳的诉讼请求。父母与子女的关系，不会因为父母离婚而结束；父母对子女的抚养义务，也不因父母离婚而消除。父母离婚后，不与子女共同生活的一方仍然负有对子女抚养的义务。《中华人民共和国民法典》第一千零八十四条第二款明确规定："离婚后，父母对于子女仍有抚养、教育、保护的权利和义务。"第一千零八十五条也规定："离婚后，子女由一方直接抚养的，另一方应当负担部分或者全部抚养费。负担费用的多少和期限的长短，由双方协议；协议不成的，由人民法院判决。"

案例中，孟某与孩子是父子关系，即使与小芳离婚，孟某与孩子的父子关系仍然存在，孟某当然要履行抚养义务。

[案例拓展]

　　离婚后，不满两周岁的子女，以由母亲直接抚养为原则。已满两周岁的子女，父母双方对抚养问题协议不成的，由人民法院根据双方的具体情况，按照最有利于未成年子女的原则判决。子女已满八周岁的，应当尊重其真实意愿。子女由一方直接抚养的，另一方应当负担部分或者全部抚养费。负担费用的多少和期限的长短，由双方协议；协议不成的，由人民法院判决。

问题12：
被收养的子女与亲生父母还有关系吗？

[案例]

小明家境贫寒，父母都是残疾人。家中有两亩薄田，粮食产量并不高。小明一家主要是靠父亲修表赚一点钱来维持家用。小明六岁那年，父亲因病去世，母亲不能独自抚养小明。跟小明同村的一对夫妇，人过中年尚无子嗣，因看小明家中困难，小明又乖巧懂事，想要收养小明。经双方商议后，小明的母亲答应了这对夫妇的请求，并依法办理了收养手续。三年后，小明的亲生母亲病重，小明的舅舅为了给小明的母亲治病，借了很多钱，但最终小明的亲生母亲还是去世了。

光阴荏苒，转眼小明已经二十岁，参加了工作。一天，小明的舅舅找到小明，让小明承担其生母病重时的医药费。小明想起自己的生父母，觉得当初家里那么困难，父母却从未让自己受过什么委屈，即便自己被收养后母亲也常常去看望自己。于是，小明东拼西凑了一万元钱给了自己的舅舅。不久后，小明的舅舅拿着账本又找上了门，上面记着小明母亲生前种种由其负担的开销。舅舅的意思是目前生活困难，让小明归还其母亲生前的各种费用。

[法律问题]

案例中，小明是否应当归还"债务"呢？

[法律分析]

暂且不讨论小明舅舅账本的真实性，姑且认为账目都是真实的。那么，小明应不应该归还母亲生前由其舅舅负担的各种费用呢？

　　《中华人民共和国民法典》第一千一百一十一条规定："自收养关系成立之日起，养父母与养子女间的权利义务关系，适用本法关于父母子女关系的规定；养子女与养父母的近亲属间的权利义务关系，适用本法关于子女与父母的近亲属关系的规定。养子女与生父母以及其他近亲属间的权利义务关系，因收养关系的成立而消除。"

　　案例中，小明与养父母的关系是合法的。根据法律规定，小明与自己的生母、舅舅之间的权利义务关系就不存在了，所以小明也就不再对自己的亲生父母负有赡养义务了。因而小明不应该向其舅舅归还其生母生前的各种费用。小明向自己舅舅归还的一万元钱属于自愿行为，不受法律的约束。

[案例拓展]

　　子女对父母有赡养扶助的义务。但子女被收养后，会和养父母之间成立法律上的权利义务关系，与生父母之间的权利义务关系则归于消灭。因此，从法律上讲，养子女对养父母有赡养扶助的义务，对生父母则无此义务。但从亲情和血缘上讲，养子女可以对生父母进行赡养扶助，这也不会被法律所禁止。

问题13：
抚养朋友的子女，属于收养行为吗？

[案例]

王某和刘某是大学同学，住同一个宿舍，睡上下铺。两人因为是老乡，再加上行事风格相近，就成了无话不说的好朋友。大学毕业后，因为就业两个人只能各奔东西。王某选择了回家乡发展，而刘某选择了前往大城市闯荡。好兄弟虽然天各一方，但是这并没有影响两个人的情谊。逢年过节，只要刘某回到家乡，王某无论多忙都会抽出时间和刘某聚会。

刘某在外闯荡多年，手里有了一些积蓄，就决定自主创业。创业说起来容易干起来难，刘某经过好几年没日没夜的努力，终于使公司的运营步入了正轨。公司正常经营后，刘某感念妻子多年来的支持，就利用空闲时间带着妻子、儿子去了外地旅游。但是，天有不测风云，刘某一家三口在回来的路上，出了车祸，夫妻二人当场死亡，只有儿子刘小某在紧急关头被母亲紧紧抱在怀里才幸免于难。王某听到消息后，马不停蹄地赶来为刘某送别。

刘某夫妇的葬礼结束后，一个很棘手的问题摆在了亲朋好友的面前。那就是刘小某由谁抚养？王某觉得自己有义务照顾好友的唯一血脉，就把刘小某接回家中同住，代为照顾刘小某的生活起居。刘小某在新家得到了很好的照顾，渐渐抚平了他丧失双亲的痛苦。但是王某不清楚自己和刘小某的关系是不是收养关系。

[法律问题]

案例中，王某对刘小某的抚养行为属于收养行为吗？

［法律分析］

抚养，是指对未成年人有抚养义务的亲属或其他人对未成年人承担抚养、保护和教育的责任。收养与抚养是不同的法律行为，产生不同的法律关系。抚养关系，有的是自愿的，比如案例中未成年人父亲的朋友是自愿抚养的；有的是依法建立的权利义务关系，比如法律规定，未成年人的父母过世后，可以由有能力的（外）祖父母对未成年人进行抚养。抚养关系对双方的权利义务关系不会产生变化。也就是说，双方之间不会因抚养改变原来的人身关系，没有父母子女之间的权利义务。由于这种抚养不是以建立父母子女关系为目的，因此抚养人与被抚养人的关系不适用收养关系。

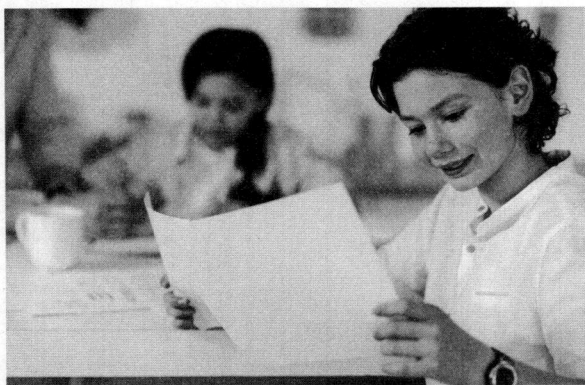

看了就能懂的
法律常识
婚姻家庭
KANLE JIU NENG DONG DE
FALÜ CHANGSHI
HUNYIN JIATING

　　抚养未成年人可以发生在父母子女之间，也可以发生在父母之外的其他人和被抚养人之间，比如其他亲属、朋友和未成年人之间，这些人可以对未成年人进行抚养和教育，但是生父母和未成年人之间的亲子关系并不解除。案例中，刘某和儿子刘小某的亲子关系依然存在，不因王某的抚养而解除，所以王某与刘小某之间没有形成收养关系。

问题14：
父母再婚，子女是否有权利干涉？

[案例]

邹某与妻子李某相敬如宾，感情非常好。二人婚后育有一子邹甲、一女邹乙。邹某与妻子下岗后，自筹资金开了一家小吃店，因经营有方、干净实惠，很快就赢得了口碑，生意一直非常红火。邹某在儿子结婚前为其购买了一套商品房，因此邹甲结婚时就搬出了邹某的房子。不久邹乙也结婚离家，家中只剩邹某和李某一起生活。

李某五十五岁时检查出患有胃癌，不久就离开人世。邹某因妻子的离世备受打击，没有心情再经营小吃店，决定暂时将

看了就能懂的
法律常识
婚姻家庭
KANLE JIU NENG DONG DE
FALÜ CHANGSHI
HUNYIN JIATING

小吃店关闭。半年后，邹某走出了妻子离世的阴影，在儿女的帮助下将小吃店重新开业。小吃店开业后，邹甲、邹乙都有自己的工作，无法常来帮忙，而邹某一个人也确实忙不过来，于是邹甲建议父亲招聘一个服务员。邹某就在小吃店门口张贴了招聘广告。前来应聘的人很多，邹某选中一个五十多岁的妇女丁某。丁某上班后勤快、能干，人还非常开朗，邹某对丁某非常满意。

经过两年的相处，邹某了解到丁某早年就一个人带着女儿生活，生活很艰辛。他深深地被丁某的坚强、善良打动，对丁某逐渐有了好感。不久之后，邹某就向丁某表白。丁某也对邹某很有好感，双方很快建立了恋爱关系，并准备结婚。丁某的女儿知道此事后非常支持，而邹某的儿女却强烈反对。邹甲将母亲李某生前的照片全部挂到邹某居住的房屋内，经常到邹某面前哭诉母亲的艰辛和离世前受病痛折磨的痛苦，邹乙也经常在邹某面前提起母亲。邹甲和邹乙称，如果邹某与丁某结婚，他们以后就不赡养邹某。邹甲、邹乙还到丁某家大吵大闹，引得丁某的邻居围观，这使丁某常常被人指指点点。邹某看到自己的儿女想方设法地阻止他再婚，非常痛苦，只好暂时打消了与丁某结婚的念头。

[法律问题]

案例中，父母再婚，子女是否有权干涉？

[法律分析]

《中华人民共和国民法典》第一千零六十九条规定："子女应当尊重父母的婚姻权利，不得干涉父母离婚、再婚以及婚后的生活。子女对父母的赡养义务，不因父母的婚姻变化而终止。"由此可以看出，我国法律规定的婚姻自由不只是赋予年轻人的权利，也是赋予老年人的权利。丧偶老人再婚，只要符合法律的规定，就享有婚姻自由的权利，也应该受到法律的保护。所以，子女干涉父母的再婚是违法行为。而父母被赡养的权利也是受法律保护的，不管父母是否再婚，子女的赡养义务都是存在的，子女不能以父母再婚为理由，对父母不尽赡养义务。

案例中，邹某的妻子已经去世，而丁某也是单身，二人都享有婚姻自由的权利，他人不得干涉和阻挠。邹某的儿女邹甲、邹乙为了阻止邹某结婚，想方设法进行阻挠，甚至以不赡养邹某为要挟，二人的行为已经违反了法律的规定。老人再婚遇到子女干涉时，可以请亲朋好友、居民委员会、村民委员会从中进行调解，这样既可以实现老人再婚的目的，也能化解其与子女之间的矛盾和隔阂。但是经调解无法解决时，老人可以不顾子女的意见办理结婚登记手续，同时也有权利要求自己的子女履行赡养义务。

第五章
与继承有关的法律知识

看了就能懂的
法律常识
婚姻家庭
KANLE JIU NENG DONG DE
FALÜ CHANGSHI
HUNYIN JIATING

问题1：

法定继承的继承顺序如何确定？互有继承权的人同时死亡，继承顺序如何确定？

[案例]

　　帅帅有两个儿子、一个女儿，但大儿子与大儿媳在外出时遭遇飞机失事，双双遇难，只留下一个儿子小帅。自此，小帅一直都由爷爷帅帅照顾。帅帅去世后留下了一笔遗产，但其在去世前没有立下遗嘱。小帅的叔叔和姑姑认为小帅是孙子辈的，不能继承遗产。而小帅称，即使爷爷去世前没有立下遗嘱，也要按照法定继承的顺序继承遗产。

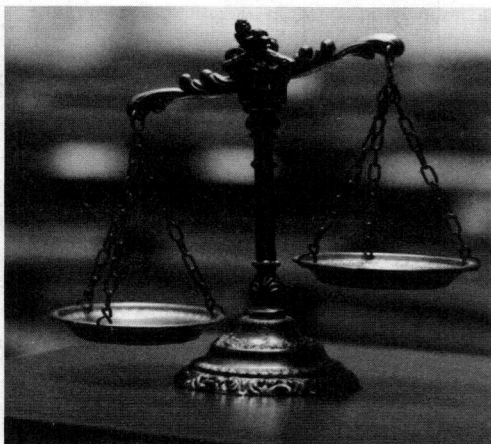

[法律问题]

根据法律规定，要按照怎样的顺序继承遗产呢？

[法律分析]

《中华人民共和国民法典》第一千一百二十七条对法定继承的顺序有明确的规定。基本上是按照家庭生活中家庭成员之间的关系确定的，反映了家庭成员间亲疏远近的程度，并按照由亲密至疏远的顺序排列。第一顺序继承人为配偶、子女、父母；第二顺序继承人为兄弟姐妹、祖父母、外祖父母。继承开始后，由第一顺序继承人继承，第二顺序继承人不继承；没有第一顺序继承人继承的，由第二顺序继承人继承。此外，该法第一千一百二十八条第一款规定："被继承人的子女先于被继承人死亡的，由被继承人的子女的直系晚辈血亲代位继承。"由此可知，虽然帅帅生前没有立下遗嘱，但其遗产应当按照法定继承的顺序进行继承。而且，帅帅的大儿子和大儿媳先于帅帅死亡，因而他们的儿子小帅是可以代位继承的，其有权继承帅帅遗产中属于自己父亲的份额。

问题2：
继子女、非婚生子女、养子女是否享有继承权？

[案例]

美美与前夫是在大学期间相恋的，毕业后两人便结了婚，婚后生有一女小美。但没过多久，美美前夫因遭遇车祸不幸去世。后美美经他人介绍认识了单身男子帅帅，美美带着女儿与帅帅组成了再婚家庭。婚后，两人生了一个儿子，取名小帅。前不久，帅帅突然去世，小帅与同母异父的姐姐小美因遗产纷争闹上法庭。小帅认为，小美并非父亲所生，因此其对父亲的遗产不享有继承权。

看了就能懂的
法律常识
婚姻家庭
KANLE JIU NENG DONG DE
FALU CHANGSHI
HUNYIN JIATING

[法律问题]

作为继子女的小美是否享有继承权?

[法律分析]

小美享有继承权。《中华人民共和国民法典》第一千一百二十七条第三款中明确规定,法定继承所指的子女,包括婚生子女、非婚生子女、养子女和有抚养关系的继子女。小美为帅帅的继女,帅帅与其形成了抚养关系,其依法享有继承权。

[案例拓展]

《中华人民共和国民法典》第一千一百二十七条规定:"遗产按照下列顺序继承:(一)第一顺序:配偶、子女、父母;(二)第二顺序:兄弟姐妹、祖父母、外祖父母。继承开始后,由第一顺序继承人继承,第二顺序继承人不继承;没有第一顺序继承人继承的,由第二顺序继承人继承。本编所称子女,包括婚生子女、非婚生子女、养子女和有扶养关系的继子女。本编所称父母，包括生父母、养父母和有扶养关系的继父母。本编所称兄弟姐妹，包括同父母的兄弟姐妹、同父异母或者同母异父的兄弟姐妹、养兄弟姐妹、有扶养关系的继兄弟姐妹。"

有扶养关系的继子女与继父母之间形成了法律上的拟制血亲关系。因此，继子女能像婚生子女一样继承继父母的遗产，成为被继承人的法定继承人。

问题3：
如果被继承人立有遗嘱，那么遗嘱继承
和法定继承谁更优先?

[案例]

　　帅帅年轻的时候不甘心在农村过一辈子，就跟随别人一起
进城工作，并且立志一定要衣锦还乡。刚进城的时候，帅帅什
么都不懂，也没有一技之长，只能在工地上卖苦力。但帅帅是
个有心人，在干活的时候，他时常留心身边的事情。一次偶然
的机会，他认识了往工地上送建筑材料的老板。经过攀谈，他
了解到现在买卖建筑材料很有市场。通过不断地向别人讨教，
帅帅逐渐掌握了一些门道。于是，他就通过贷款筹集了一些资

金，也做起了建筑材料生意。

事业有了起色，帅帅就风风光光地回到了家乡，把老婆、孩子都接到城里过起了好日子。渐渐地，帅帅年纪大了，儿女们都不愿意接自己的班，他只好把公司注销了，自己回家专心养老。起初，帅帅并没有觉得退休后的生活有什么不同，但是时间一长，他感觉自己很寂寞，孩子们很少来看自己。老伴去世后，帅帅觉得更加孤独了。最后没办法，他不愿一个人在家待着，就搬到了养老院居住。在养老院生活期间，帅帅结识了照顾自己的义工——某大学的学生小帅，他觉得小帅比自己的儿女要强千万倍。于是，去世前帅帅就立了一份遗嘱。遗嘱中规定，将半数的遗产赠与小帅。帅帅去世后，发生了继承纠纷。帅帅的子女不认同遗嘱中将半数的遗产赠与小帅的条款，认为应该按照法定继承的顺序继承。

[法律问题]

遗嘱继承与法定继承哪个更为优先呢？

[**法律分析**]

　　遗嘱继承又称指定继承，是指按照被继承人所立的合法有效的遗嘱而承受其遗产的继承方式。与之相对的是法定继承。法定继承是指在被继承人没有对其遗产的处理立有遗嘱的情况下，由法律直接规定继承人的范围、继承顺序、遗产分配原则的一种继承形式。按照《中华人民共和国民法典》第一千一百二十三条的规定，遗嘱继承与遗赠扶养协议优于法定继承。也就是说，继承开始后，有遗嘱的，按照遗嘱继承办理；有遗赠扶养协议的，按照协议办理；都没有的，按照法定继承办理。该法律规定体现了遗嘱继承在适用效力上优先于法定继承。

　　案例中，帅帅生前自愿立下遗嘱，将半数的遗产赠与小帅。小帅虽然不是帅帅的法定继承人，但是依照《中华人民共和国民法典》第一千一百三十三条第三款的规定，自然人可以立遗嘱将个人财产赠与法定继承人以外的个人。这就是说，小帅可以成为帅帅遗嘱继承的继承人，依法可以取得帅帅半数的遗产。这也和《中华人民共和国民法典》相关规定相呼应，即公民有处分自己合法所有的个人财产的权利。所以，本案例应当先按照遗嘱继承办理，由小帅继承帅帅的半数遗产；剩下的一半，由帅帅的儿女们根据法定继承办理。

问题4：
立遗嘱后又对财产进行了处理，遗嘱的效力如何认定？

[案例]

帅帅年纪渐渐大了，在家中颐养天年。突然一天，帅帅在家摔倒，被邻居送到了医院。经医院检查，帅帅有脑出血症状，现在情况不容乐观。听了医生的话，帅帅觉得老伴不在了，自己得在去世前立一份遗嘱，称其遗产中房屋由长子继承，五十万元现金由次子继承。经过一段时间的治疗，帅帅痊愈出院了。经过此次事情，帅帅觉得自己大难不死，应该再有所作为，就将遗嘱中的十万元现金拿出来炒股票，后全部被套。

看了就能懂的
法律常识
婚姻家庭
KANLE JIU NENG DONG DE
FALÜ CHANGSHI
HUNYIN JIATING

[法律问题]

帅帅立遗嘱后又对财产进行了处理，遗嘱的效力如何认定?

[法律分析]

遗嘱是指遗嘱人生前在法律允许的范围内，按照法律规定的方式对其遗产或其他事务所作的个人处分，并于遗嘱人死亡时发生效力的法律行为。遗嘱设立后，遗嘱人因主客观原因的变化，可依法变更或者撤销自己所立遗嘱的全部或部分内容。这在《中华人民共和国民法典》第一千一百四十二条第一款中有明确规定，遗嘱人可以撤回、变更自己所立的遗嘱。具体来说，遗嘱人可以通过以下几种方式撤回或者变更所立遗嘱：一是遗嘱人可以通过新增遗嘱的方式，对原来的遗嘱进行补充或修改，新遗嘱与原遗嘱有冲突的部分以新遗嘱为准，新遗嘱未涉及的内容以原遗嘱为准；二是遗嘱人可以按照自己的意愿重新设立遗嘱，立有数份遗嘱，内容相抵触的，以最后的遗嘱为准；三是遗嘱人生前的行为表示与遗嘱的意思相反，使得遗嘱处分的财产在继承开始前灭失、部分灭失或所有权转移，遗嘱视为被撤销或部分被撤销。案例中，帅帅在生病时立下遗嘱对自己的财产进行了处分，在遗嘱生效前，病愈出院，又拿出部分遗嘱中涉及的财产进行炒股，其做法是以实际行动对遗嘱进行了变更，应认定为对自己所立遗嘱的部分撤销，其他部分仍然有效。

[案例拓展]

《中华人民共和国民法典》第一千一百四十二条规定："遗嘱人可以撤回、变更自己所立的遗嘱。立遗嘱后，遗嘱人实施与遗嘱内容相反的民事法律行为的，视为对遗嘱相关内容的撤回。立有数份遗嘱，内容相抵触的，以最后的遗嘱为准。"

看了就能懂的
法律常识
婚姻家庭
KANLE JIU NENG DONG DE
FALU CHANGSHI
HUNYIN JIATING

问题5：
继承遗产时需要继承债务吗？

[案例]

帅帅的妻子去世的时候，女儿小美九岁，儿子小帅还不到
五岁。帅帅看着年幼的儿女每天都在巷口眼巴巴地等自己下班
回家，有时候自己加班晚一点，女儿就搂着睡着的弟弟坐在巷
口的石墩上等自己，心中就微微泛酸。为了能更好地照顾孩
子，帅帅辞去了原本待遇不错的工作，在家门口开了一家小吃
店。后来，帅帅年纪大了，也因为身体原因，就把小吃店盘了
出去，决定在家中颐养天年。女儿和儿子工作特别忙，还要照
顾孩子，很少回家探望，帅帅感到十分孤单。女儿和儿子看着

父亲闷闷不乐的，知道父亲是因为一个人住感到寂寞，就商量着把帅帅送到养老院，并向父亲保证，一有时间就去养老院看望他。就这样，帅帅到了养老院。在那里，他结识了一些志趣相投的朋友，其中还有几个是自己原先单位关系不错的同事。帅帅经常和这些老人们一起遛弯、下象棋。孩子们有时间也会把他接到家中住几天，享受天伦之乐。后来，帅帅因脑出血被送进医院，经抢救无效去世了。孩子们在对帅帅遗物进行盘点的时候发现，父亲在留下财产的同时，也留下了生前所负的债务。

看了就能懂的
法律常识
婚姻家庭

KANLE JIU NENG DONG DE
FALÜ CHANGSHI
HUNYIN JIATING

[法律问题]

帅帅的儿子和女儿如果继承遗产，债务也要一并继承吗？

[法律分析]

遗产是指被继承人死亡时遗留的个人所有财产和法律规定可以继承的其他财产权益。遗产包括积极遗产和消极遗产。积极遗产指死者生前个人享有的财物和可以继承的其他财产权益，如债权和著作权中的财产权益等。继承开始时，继承人按相关法律规定分割遗产即可。消极遗产是指死者生前所欠的个人债务，主要有被继承人依法应当缴纳的税款和用于个人生活、生产所欠的债务。这些在遗产中属于财产义务或消极财产的那一部分，可形成人们所说的遗产债务。

根据《中华人民共和国民法典》第一千一百六十一条的规定，继承人在继承遗产时，应当清偿被继承人依法应当缴纳的税款和债务，缴纳税款和清偿债务以所得的遗产实际价值为限。超过遗产实际价值部分，继承人自愿偿还的不在此限。继承人放弃继承的，对被继承人依法应当缴纳的税款和债务可以不负清偿责任。这就是说，只要继承遗产，就要"接手"债务。案例中，帅帅的儿子和女儿如果继承遗产，对其父亲的债务就要一并继承，须负责偿还其父生前所欠的债务。

问题6：
不履行赡养义务的子女还有继承权吗？

[案例]

王某在外学会了赌博，并且已经上瘾。王某的女儿出嫁后有了自己的家庭，觉得父亲虽然赌博，但是没有为自己的生活带来什么实质性的伤害，所以还可以忍受。但王某的儿子大学刚毕业，虽然有了工作，但还没有结婚，好多姑娘一听说他的父亲有恶习，都打了退堂鼓。

几年过去了，儿子终于成家生子，而王某也老了，需要人照顾。王某就想搬去和儿子共同生活，但是儿子的条件是王某必须戒赌。王某想着自己孙子都那么大了，自己再不改正会影响孙子，就真的不再去赌博了。王某和儿子虽然住在了一块儿，但是饮食起居并没有得到很好的照顾。原来，儿子时常记恨父亲当年干的那些糊涂事，只要一想起来就对父亲又打又骂，有时还不给饭吃。

王某无奈，只好与女儿一家共同生活。从此以后，王某的儿子再没有履行过赡养的义务，只有女儿尽着做子女的本分。王某去世时告诉女儿，自己在染得恶习的时候，手上有一笔不小的财产，存在银行里，就是怕自己给挥霍了，一直没有动过，现在决定把这笔财产留给女儿。王某的儿子知道此事后争抢这笔财产，认为自己也有继承权。双方僵持不下，只好起诉到法院。法院经过审理认为，虐待、不履行赡养义务的继承人丧失继承权。法院最后判决王某的女儿继承了这笔财产。

[法律问题]

案例中，法院的做法对吗？

[法律分析]

　　继承权是指继承人依法取得被继承人遗产的权利。继承权既可以依据法律的规定取得（如法定继承、遗嘱继承），也可因出现法定情形而丧失（如遗弃或虐待被继承人，故意杀害被继承人）。继承权的丧失分为绝对丧失与相对丧失。绝对丧失，又称继承权的终局丧失，是指当发生某种法定事由时，继承人是绝对不可能再享有继承权的。相对丧失，又称继承权的非终局丧失，是指因发生某种法定事由，继承人的继承权丧失，但在具备一定条件时继承人的继承权也可恢复。判断继承人虐待被继承人情节是否严重，可以结合虐待行为的实施时间、手段、后果和社会影响等方面认定。由此可知，继承人打骂、不给被继承人吃饭的虐待行为如果达到一定程度时，可以剥夺继承人的继承权。但是，又鉴于父母与子女之间的特殊关系，法律又对因该情形而丧失继承权作了特殊的规定，即继承人虐待被继承人情节严重的，或者遗弃被继承人的，如以后确有悔改表现，而且被虐待人、被遗弃人生前又表示宽恕，可不确认其丧失继承权。

　　案例中，王某之子对王某又打又骂，甚至还不给饭吃，致使老人在无奈之下与女儿共同生活，其行为已构成虐待被继承人，依法可以剥夺其继承权。并且，王某之子在王某与女儿生活期间，未再尽过赡养义务，根本无悔改表现，也没有得到王某生前的宽恕，依法丧失继承王某遗产的权利。法院判决王某的女儿继承王某遗产的做法完全符合法律规定。

[案例拓展]

继承人有故意杀害被继承人；为争夺遗产而杀害其他继承人；遗弃被继承人，或者虐待被继承人情节严重；伪造、篡改、隐匿或者销毁遗嘱，情节严重；以欺诈、胁迫手段迫使或者妨碍被继承人设立、变更或者撤回遗嘱，情节严重的行为，丧失继承权。继承人有遗弃被继承人，或者虐待被继承人情节严重的；伪造、篡改、隐匿或者销毁遗嘱，情节严重；以欺诈、胁迫手段迫使或者妨碍被继承人设立、变更或者撤回遗嘱，情节严重的行为，确有悔改表现，被继承人表示宽恕或者事后在遗嘱中将其列为继承人的，该继承人不丧失继承权。

问题7：
继承人丧失继承权后，其子女能代位继承遗产吗？

[案例]

陈某出生在一个偏僻的小山村，家中兄弟四人，陈某是老大。家里的经济状况不好。陈某作为家中长子，为了让弟弟们上学，他选择了辍学，外出打工贴补家用。后来，弟弟们陆续大学毕业，也都有了不错的工作，家里的光景逐渐好了起来。陈某后来也在亲戚的介绍下和邻村的姑娘小梅结了婚。婚后，陈某几次做生意都赔得血本无归。家中日子吃紧，而弟弟们都在城里拿着高薪住着楼房，妻子小梅渐渐地心里就不平衡了，她觉得小叔子们的好日子都是自己老公当年的付出换来的。

在小梅的影响下，陈某也觉得自己现在如此穷困就是因为当年没有上学，这都归罪于父母的偏心。陈某心中有怨气没处发，就经常虐待、打骂同住的父母，还隔三岔五地不让父母吃饭，情节十分恶劣。父母也觉得愧对大儿子，就选择了忍气吞声，没有给别的儿子提起过。一天，陈某和妻子进城找弟弟们要钱，在回家的路上发生了车祸，夫妻两人双双身亡，只留下一个儿子陈小某。没有了父母，陈某的父亲就把小孙子带到身边抚养。后来陈某的父母也因病相继离世，留下了一些遗产。遗产继承的时候，陈某弟弟们对陈小某可否代位继承父母的遗产发生了争议。

[法律问题]

陈小伟可以代位继承其爷爷奶奶的遗产吗？

[法律分析]

代位继承是指被继承人的子女先于被继承人死亡时，由被继

看了就能懂的
法律常识
婚姻家庭
KANLE JIU NENG DONG DE
FALÜ CHANGSHI
HUNYIN JIATING

人子女的晚辈直系血亲代替先死亡的长辈直系血亲继承被继承人遗产的一项法定继承制度。其是和本位继承相对应的，是法定继承的一种特殊情况。例如，祖父去世后留下的遗产本应该由父亲继承，但是父亲先于祖父去世了，则由父亲的子女代替父亲行使继承权。但是，如果父亲生前已经丧失了继承权的，其子女就不能代位继承了。值得注意的是，代位继承只适用于法定继承，在遗嘱继承中不适用。因为被继承人的遗嘱会因继承人先于被继承人死亡而失效，所以不发生代位继承。

案例中，陈某的儿子不能代位继承其爷爷奶奶的遗产。因为陈某生前有打骂、虐待父母的行为，且性质恶劣，应被认定为丧失继承权。

[案例拓展]

《最高人民法院关于适用〈中华人民共和国民法典〉继承编的解释（一）》第十七条规定："继承人丧失继承权的，其晚辈直系血亲不得代位继承。如该代位继承人缺乏劳动能力又没有生活来源，或者对被继承人尽赡养义务较多的，可以适当分给遗产。"

问题8：

主动赡养孤寡老人者能否分得遗产？

[案例]

于某是一名年近八十的老人，无儿无女，老伴早年去世，一直独居。邻居李某是一个善良的女人，她见于某独居，无人照顾，就主动承担起了照顾于某的重担。几个月前，于某去世，留下了一笔遗产。这时，于某的侄女闻讯赶来，称李某和于某非亲非故，不能分得遗产，自己才是于某唯一的继承人，理应分得全部遗产。

[法律问题]

李某可以分得于某留下的遗产吗？

[法律分析]

李某可以适当分得于某留下来的遗产。根据《中华人民共和
国民法典》第一千一百三十一条的规定，继承人以外的对被继承人
扶养较多的人，可以分给他们适当的遗产。李某虽然不是继承人之

一，但其一直承担照顾老人的责任，根据上述法律规定，可以适当分得老人的遗产。具体应当分得多少遗产，应根据李某承担的照顾责任来判断。

[案例拓展]

《中华人民共和国民法典》第一千一百三十一条规定："对继承人以外的依靠被继承人扶养的人，或者继承人以外的对被继承人扶养较多的人，可以分给适当的遗产。"对被继承人尽了主要赡养义务的继承人以外的人，使他们适当分得遗产，一方面是弘扬社会正气，另一方面可以告诫子女要更好地履行赡养义务。

问题9：
法定继承人的继承权能否被剥夺？

[案例]

　　年近八十的何老先生，老伴已经去世多年，两个子女都在外面工作。人有旦夕祸福，何老先生不幸身患癌症。手术住院后，他的身体非常虚弱，需要人照料。但是，子女们都因工作忙碌而无法照顾老人。于是，何老先生在社区居委会的帮助下，请了一位张阿姨作保姆来照料自己的生活。此后两年，一直都是张阿姨悉心照顾何老先生的生活起居。期间，子女们只是匆匆看上一眼便离去。前不久，何老先生病情恶化，癌细胞发生多处转移。何老先生知道自己将不久于人世，便立下遗嘱，称自己去世后，将名下所有的财产全部赠与张阿姨，遗嘱中没有提到给其子女保留遗产的条款。

[法律问题]

何老先生死后，其子女可以要求继承遗产吗？

[法律分析]

何老先生死后，其子女不能要求继承遗产。根据《中华人民共和国民法典》第一千一百二十三条规定，继承开始后，如果有遗嘱的，按照遗嘱继承办理。即使遗嘱没有给法定继承人留下遗产，也仍然是有效的遗嘱，即遗嘱可以排除法定继承人的继承权。虽然《中华人民共和国民法典》第一千一百四十一条同时规定，遗嘱应当对缺乏劳动能力又没有生活来源的继承人保留必要的遗产份额。但本案例中，何老先生的子女都有自己的工作，不属于没有劳动能力又无生活来源的人。因此，遗嘱有效，何老先生的子女不能要求继承遗产。

［案例拓展］

继承开始后，按照法定继承办理；有遗嘱的，按照遗嘱继承或者遗赠办理；有遗赠扶养协议的，按照协议办理。自然人可以依照《中华人民共和国民法典》规定立遗嘱处分个人财产，并可以指定遗嘱执行人。自然人可以立遗嘱将个人财产指定由法定继承人中的一人或者数人继承。自然人可以立遗嘱将个人财产赠与国家、集体或者法定继承人以外的组织、个人。自然人可以依法设立遗嘱信托。